はじめに

本書では、時代劇のロケ地となった場所＝聖地を実際に訪ねながら、どういった作品のどういったシーンが、どこでどのようにして撮影されていたのか——を解説しています。

この本があれば、読者の皆さまは劇中のキャラクターたちが実際に眺めた景色を目にしたり、映像と同じ場所の同じ構図に立つことができる。そんな、「時代劇聖地巡礼」のためのガイド本なのです。

時代劇といえば、主に江戸が物語の舞台になります。しかしながら、ほとんどの作品は現代の江戸、つまり東京では撮られていません。一九七〇年代までは多少のロケ地はありましたが、都市開発が進みすぎたため、「現代が全く映り込まない景色」が近郊を含め、東京にはないのです。伊豆や北関東の山林に入ればそうした場所はないことはないのですが、それでは山中や里山だけになり、景色のバリエーションが少なすぎる。

そのためもあり、多くの時代劇は京都で撮られてきました。京都の西郊の太秦《うずまさ》には東映と松竹（かつては大映も）という二つの撮影所が今も営業しております。そこには時代劇の撮影に特化したオープンセット（屋外に建てられた家屋のセット群）があり、手練《てだ》れのスタッフも常駐しているため、時代劇の撮影が効率的にできる。

しかも、東京と異なり、京都は「古《いにしえ》の都」としての風景が今も残る観光名所。街の至るところに由緒ある神社仏閣などの建造物や、現代と隔絶された風光明媚《ふうこうめいび》な情緒あふれる景色が豊富にあります。

そうした景色が撮影所からそう遠くない距離にある――これこそ、京都で時代劇が多く撮られてきた最大の利点でした。我々が時代劇を通して見慣れてきた「江戸の景色」の多くは、実は「現代の京都」だったのです。

第一巻『時代劇聖地巡礼』（ミシマ社、二〇二一年）では、主にそうした京都市内を中心に「聖地」を解説しております。

ただ、忘れてはならないのは、時代劇のロケ地として使われてきたのは、京都市内だけではないということです。

京都市内の建物は基本的に風雅《ふうが》ですし、景色には箱庭《はこにわ》的な風情があります。が、時代劇では必ずしもそうした風景ばかりが求められているわけではないのです。

合戦シーンや決闘シーンも時代劇には欠かせません。それを撮るロケ地には、相応のスケール感やワイルドさが求められます。また、時代劇の舞台は江戸だけでなく、北関東や甲州・信州などもあります。その場合は、ひなびた感じ、枯れた感じが必要です。これらはいずれも、京都市内では難しい。

そこで、市内だけでなく、時代劇の撮影では近畿全体が使われてきました。ありがたいことに、そうした景色もまた、撮影所から車で日帰りできる範囲にあるのです。琵琶湖周辺、丹波、奈良、姫路――、京都市内とは大きく異なる景色が広がるこうしたエリアは、いずれも京都からそう遠くありません。そのため、溝口健二、黒澤明、内田吐夢《とむ》といった、映像に強いこだわりを持つ巨匠たちの時代から、愛されてきました。

近年では、京都の市外での撮影はさらに増加しています。

といいますのも、インバウンド需要により外国人観光客が殺到してしまい、京都市内は撮影どころではなくなってしまったのです。また、それに合わせてどこも観光用の整備が進んだため、「現代」が映り込みやすくもなりました。それに加えて、都市開発、住宅開発が進んだために時代劇の撮影ができなくなった場所も少なくありません。

その一方で、高速道路やバイパスなどの交通インフラが整備されたことで、以前よりも短時間で撮影所から市外に移動できるようになりました。また、各地の行政も「ロケーションオフィス」を設置するなどしてロケ誘致や撮影のサポートに力を入れています。結果として、近年では、大半の時代劇で京都市外での撮影が多くなっているのです。

本書は、そうした関西各地に点在する「時代劇の聖地」を一気に解説する一冊となります。そのため、第一巻に比べて近年の作品も多く取り上げています。

登場するのは、たとえば姫路城のような「単独の観光地として成り立つ、明らかに風光明媚な場所」だけではありません。ただ通り過ぎるだけだと、単なる田畑、河原、池、山林、堤道《ていどう》、古びた寺・神社——で終わってしまう場所も多い。

そうした、一見すると味気ない野面《のづら》の風景が、「時代劇のロケ地」というフィルターを挟《はさ》むと途端に輝きだすのです。

我々の旅を追体験していただきながら、そのような愉《たの》しみも感じていただけたら幸いです。

時代劇聖地巡礼　関西ディープ編　目次

本書は書き下ろしです。

写真　来間孝司（koya-works）
地図作製　齋藤直己（マップデザイン研究室）

I

琵琶湖

さまざまなロケ地が近辺にある便利さ。それが京都で時代劇を撮る大きなメリットです。が、一つだけ大きな問題があります。それは、内陸の盆地のため海が遠いことです。日帰りで行ける距離にあるのは、荒々しい日本海と内海である瀬戸内海。時代劇で最も欲しい江戸湾や東海道――つまり太平洋沿岸の景色がないのです。太平洋の景色は、穏やかかつスケールが大きくなければなりません。

それを撮れるのが、実は琵琶湖でした。

琵琶湖は西岸なら京都の撮影所から一時間ちょっとで行けます。一九六四年に琵琶湖大橋が架《か》かってからは、東岸へのアクセスも良くなりました。

このエリアが時代劇のロケ地として使われるのは、琵琶湖だけではありません。西岸には三井寺《みいでら》、延暦寺、日吉大社（第一巻掲載）などの古くからの神社仏閣があり、東岸には彦根城（第一巻掲載）、近江八幡といった江戸時代のまま保存されている場所があります。それらはいずれも、京都市街とはまた異なるダイナミックな風情を放ち、ここでなければ撮れない景色を提供してくれています。

なお、**『鬼平犯科帳』**（一九八九年、フジテレビ）などでよく使われる、八幡堀の堀割と西《にし》の湖《こ》は第一巻に掲載されています。

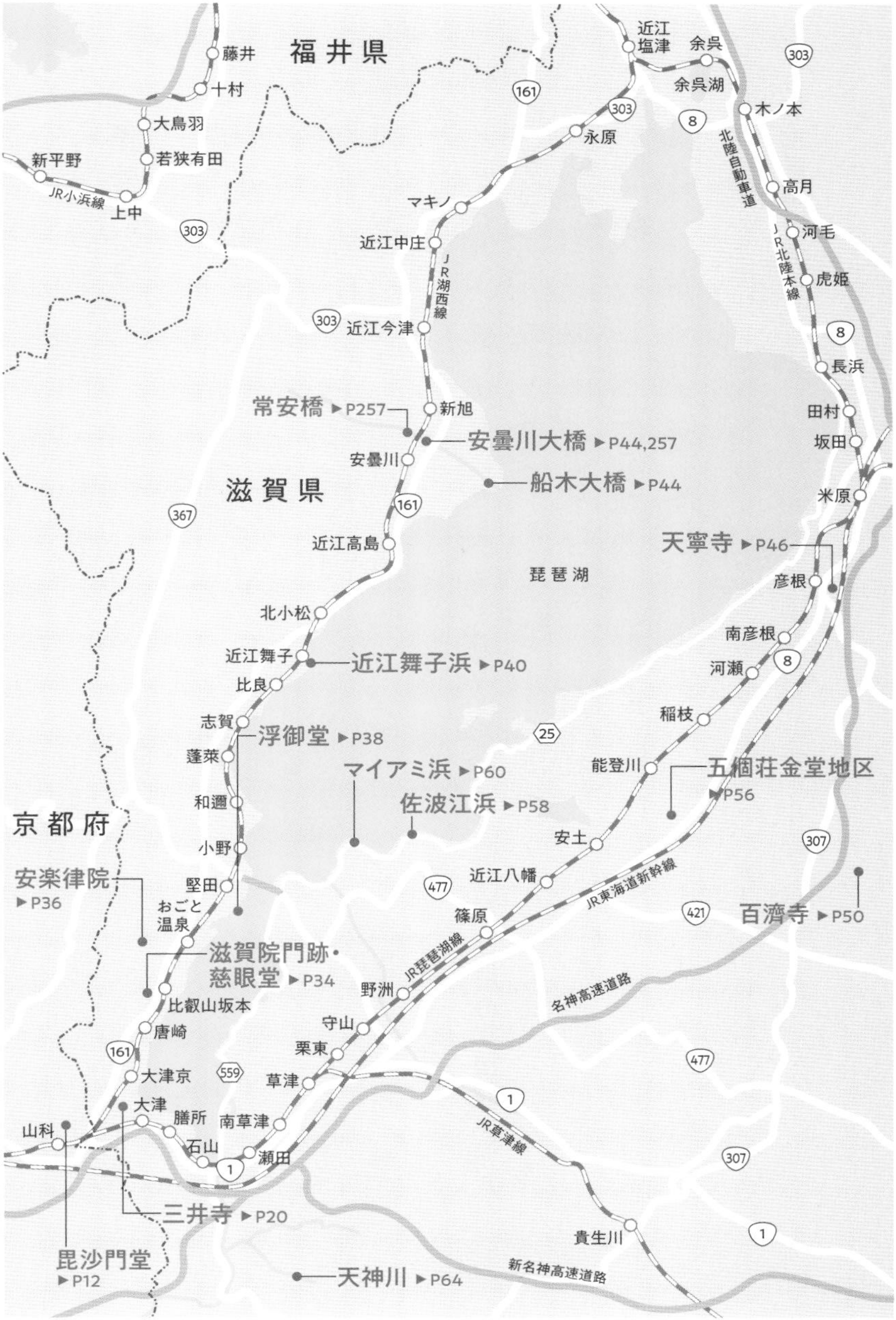

福井県
滋賀県
京都府
琵琶湖
藤井
十村
大鳥羽
若狭有田
新平野
JR小浜線
上中
303
161
近江
塩津
余呉
余呉湖
303
8
木ノ本
永原
北陸自動車道
高月
マキノ
近江中庄
JR湖西線
河毛
JR北陸本線
虎姫
303
近江今津
8
長浜
常安橋 ▶P257
新旭
田村
安曇川大橋 ▶P44,257
坂田
安曇川
船木大橋 ▶P44
米原
161
367
近江高島
天寧寺 ▶P46
彦根
北小松
南彦根
近江舞子
近江舞子浜 ▶P40
8
河瀬
比良
志賀
稲枝
浮御堂 ▶P38
25
蓬莱
マイアミ浜 ▶P60
能登川
五個荘金堂地区
▶P56
和邇
佐波江浜 ▶P58
小野
安土
307
安楽律院
▶P36
堅田
近江八幡
477
JR東海道新幹線
百済寺 ▶P50
おごと
温泉
篠原
421
滋賀院門跡・
慈眼堂 ▶P34
JR琵琶湖線
野洲
名神高速道路
比叡山坂本
守山
唐崎
栗東
477
161
大津京
559
草津
1
大津
膳所
南草津
JR草津線
山科
石山
瀬田
1
307
三井寺 ▶P20
貴生川
1
毘沙門堂
▶P12
天神川 ▶P64
新名神高速道路

毘《び》沙《しゃ》門《もん》堂《どう》（Ａ）

近江に入る前に、まずは京都の玄関口ともいえる山科《やましな》へ行きました。毘沙門堂は紅葉の名所として有名ですが、時代劇では少々異なる使われ方をしております。

境内全体が丘陵となっており、その頂《いただき》に本殿、霊殿《れいでん》、宸殿《しんでん》が並びます。中でも宸殿は、建物自体の雅《みやび》なたたずまいが高級な大名や旗本の屋敷にピッタリ。藤田まこと主演『**剣客商売**』（一九九八年、フジテレビ）第一シリーズ一〇話「兎と熊」では、玄関口の広いスペースで立ち回りも撮られました。また、名物の枝垂《しだ》れ桜も使われ、『**影の軍団**』（一九八〇年、関西テレビ）第九話「女忍びの五月闇」では花見の場面で美しく映えています。

この宸殿の前には薬医門、勅使門《ちょくしもん》という二つの門があり、それぞれ長い石段を上って入れるようになっています。薬医門は同じく高級武家屋敷として使われ、この石段があるためにおいそれとは近づけない感が出ます。そのため、この門の奥で何かが起きている――というミステリアスさが醸成。誰かしらが屋敷に匿《かくま》われたり、かどわかされていたり、あるいは謀議《ぼうぎ》が進められていたり、といった場面に説得力を与えていました。

A-1

A-2

薬医門に並行した石段の先にあるのが、勅使門。[A-3] こちらはさらに風格があるため、宮家や公家の屋敷門として使われます。

また、二つの門の石段の間には参道が横切っています。[A-4] この参道が印象的に使われたのが、『**鬼平犯科帳　THE FINAL**』（二〇一六年、フジテレビ）でした。

火《ひ》付《つけ》盗賊改《あらため》方《かた》長官の長谷川平蔵（中村吉右衛門）と配下の同心・木村忠吾（尾美としのり）が夜歩いていると、刺客（尾上菊之助）の襲撃に遭《あ》いています。そのシーンが撮られたのが、ここでした。参道の突き当たりに二段の石垣[A-5]があり、これを背景に闘うことで映像のアクセントとなり、危機感を盛り上げています。

A-3

映画『壬生義士伝《みぶぎしでん》』（二〇〇三年）でも、この参道を使って殺陣《たて》が撮られました。新選組隊士の吉村貫一郎（中井貴一）と斎藤一（佐藤浩市）の対決シーンです。

二人は参道を並んで歩き、勅使門の石段近くで斎藤がいきなり斬りかかり、吉村が受け止める。突き当たりの石垣までつばぜり合いをしながら、さらに参道に続く石段脇のスロープ[A-6]を下っていきます。そして、石段の中腹で対峙する[A-7]ところで終わる（両者の動きは下図を参照）。

このスロープはかなり急です。大雨で滑りやすい状況下、急こう配で激しいアクションを繰り広げて戦ったと現地に行くとわかり、恐れ入りました。

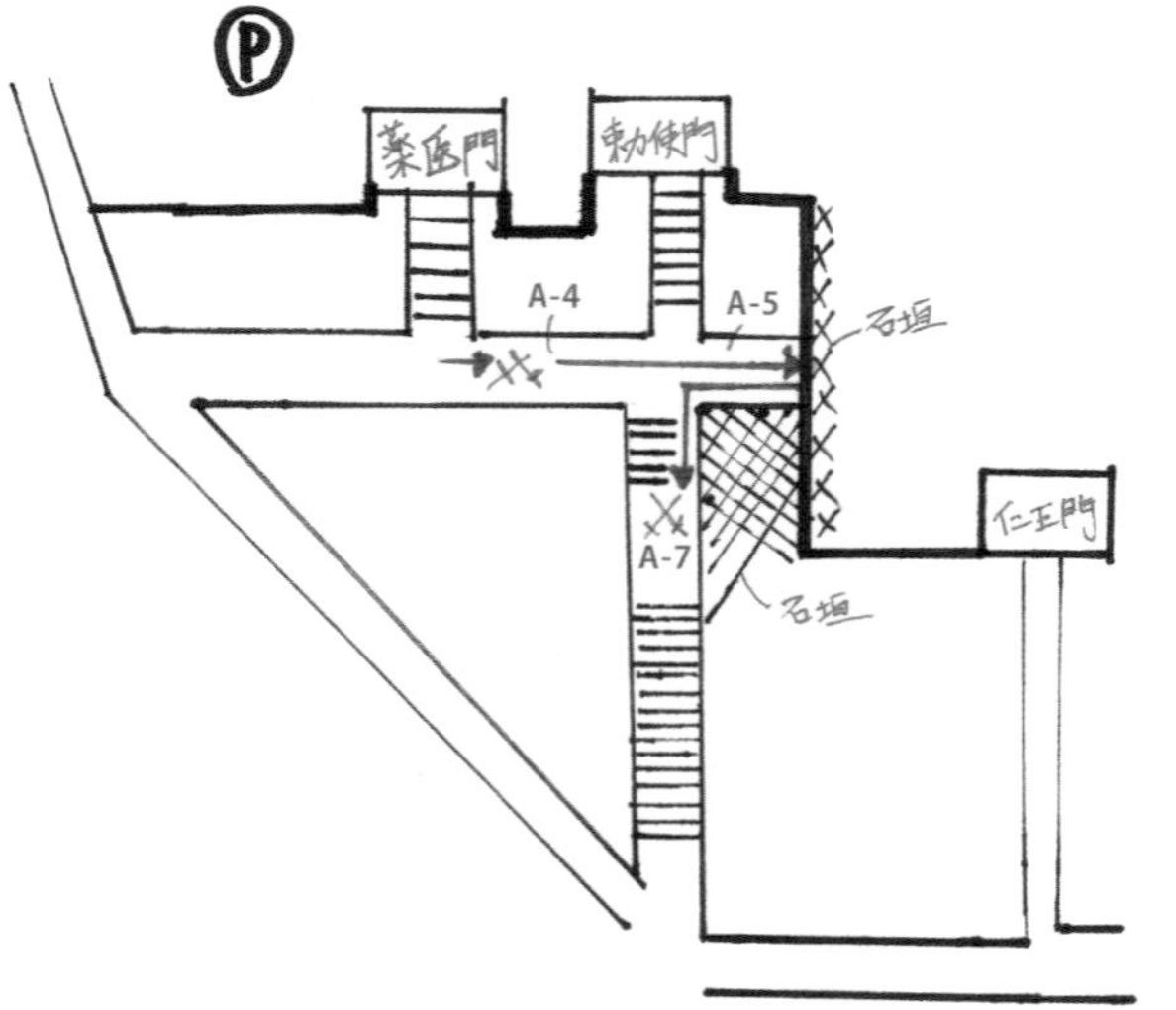

『壬生義士伝』殺陣の動き

A-6

A-7

中井&佐藤が対峙した石段は、京都を代表する紅葉の名所です。A-8 が、時代劇においては、その景色は重要ではありません。

石段の左岸は切れ落ちた崖のようになっている A-9 一方、石段の右岸は高い石垣がそびえており、対岸の崖下にカメラを置いて煽《あお》り気味に撮れば要塞のような見映えになるのです。そこに忍者でも潜《ひそ》ませれば、A-10 途端に不穏な空気が出ます。

こうした立体的なロケーションは『影の軍団』で重宝され、崖下に潜みながら敵忍者軍団が通るのをやり過ごそうとしたり、石垣脇の茂みに潜んで石段を下りてくる行列に襲いかかったりと、斜面を活かした襲撃シーンが撮られてきました。

A-8

A-9

A-10

三井寺（園《おん》城《じょう》寺《じ》）（B）

近江を代表するこの寺院は、昔も今も時代劇撮影のメッカです。大覚寺（第一巻掲載）と並んで撮影で使われる機会は多く、境内のあらゆる箇所が何度も撮影で使われています。そのため、本来なら一巻目で取り上げるべき聖地なのですが、実は一巻目の滋賀取材の日にちょうど時代劇の撮影が入っていたため取材できませんでした。今回は、満を持しての取材です。

三井寺の大きな特徴は、とにかく景色のバリエーションが豊富なことです。参道も建物も石段も、どれも一様ではないのです。そのため、どこを切り取ってもなんらかの時代劇の景色になるし、その特徴的なロケーションの数々は映像に大きなインパクトを与えます。入り口に鎮座する巨大な仁王門[B-1]は、その象徴的な存在といえます。

また、なだらかな丘陵全体が境内になっているため、自然の情感が共存していたり、高低差のある景色が広がっていたり――という、京都の寺院とはまた異なる、広がりの大きい立体感も三井寺ならではです。

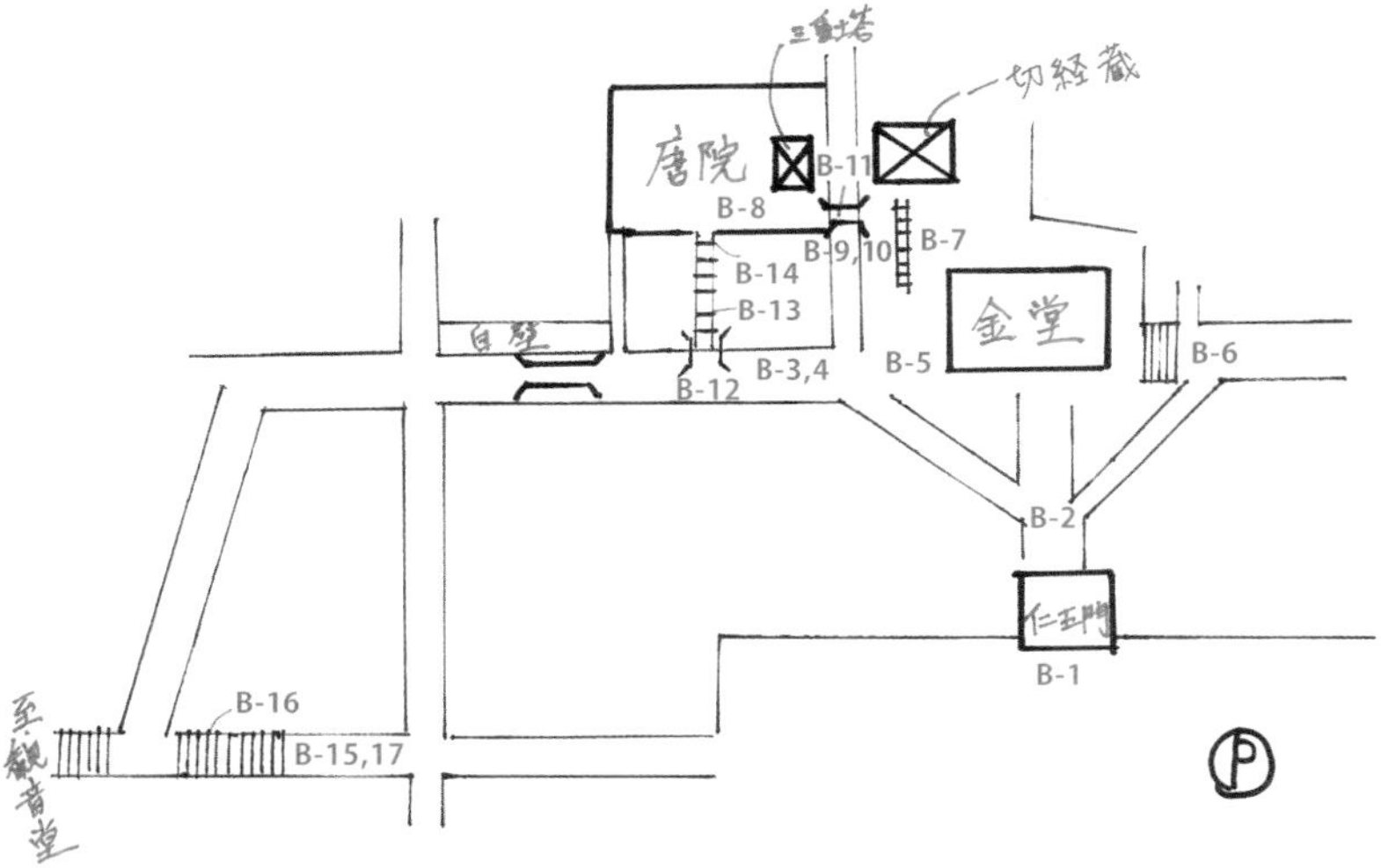

三井寺の主なロケ地

B-1

仁王門をくぐって金堂に至る坂道[B-2]は、広い道幅と石垣を擁《よう》している上に樹木も生い茂っており、現代が完全に消えます。そのため、江戸や京都の坂道として使われます。

そして、その坂道を上り切った先に広がるのは、金堂から真っすぐに延びる参道[B-3]。ただ道幅が広いだけでなく、脇の石垣、側溝、石橋などが当時の質感のまま[B-4]保存されている。そのため、時代劇の扮装《ふんそう》をした人物を歩かせれば、途端に江戸や京都市街の賑《にぎ》やかな目抜き通りと化すのです。

『鬼平犯科帳』第九シリーズ一話「大川の隠居」の冒頭では、平蔵が登城する場面でこの坂道から参道を一度に撮っており、その壮大な眺めを存分に楽しめます。

B-2

B-3

B-4

金堂[B-5]は、建物そのものの大きさもありますが、全く何も遮《さえぎ》るものがない広大なスペースにズドンと鎮座しているので、その威容が力強く迫ってきます。そのため仁王門と同様、ちょっとしたお参りのシーンでもここで撮るだけで映像に迫力がもたらされることになるわけです。

意外な使われ方をした作品としては、幕末に活躍した長州藩士・高杉晋作（松平健）を主人公にしたスペシャルドラマ『**奇兵隊**』（一九八九年、日本テレビ）が挙げられます。倒幕のために藩主流派に対してクーデターを企《たくら》む高杉は、若手藩士たちに決起を呼びかけ、下関の功山寺で彼らを待ちます。その功山寺として、この金堂が使われました。

実際の撮影は金堂裏手の石段[B-6]で行われ、金堂を背景に石段の上で藩士たちを待ち続ける高杉の姿が映し出されています。そして、伊藤俊輔（堤大二郎）が一人で来たのを皮切りに、各隊が参集し、萩へ進軍開始——という、日本史上のターニングポイントとなる場面が、全てこの周辺で撮られました。石段も、段の上にある大きな木も全て撮影当時のままなので、そこから周囲を見渡すと、何かゾクゾクするものがあります。

B-5

B-6

本堂脇から通じる細く長い石段の先には一切経蔵《いっさいきょうぞう》B-7という建物があります。石段の下から煽り気味に撮ると、堂々たる風格に映るのが特徴です。たとえば近年では、NHKでリメイクされたスペシャルドラマ**『柳生《やぎゅう》一族の陰謀』**（二〇二〇年）で芝《しば》の増上寺《ぞうじょうじ》の納骨堂に見立てられています。ここに安置された徳川秀忠の遺体を巡り、建物の周辺で忍者たちが激闘を繰り広げました。

忍者でいうと、道を隔てた唐院《とういん》B-8エリアも印象深い使われ方をしています。雅な質感のあるお堂や三重塔がコンパクトな敷地に建っているため、テレビシリーズ**『新選組血風録』**（一九六五年、NET）など、「京都の一郭」として使われることが多いのですが、テレビシリーズ**『仮面の忍者 赤影』**（一九六七年、関西テレビ）第一話では違いました。

主人公の赤影（坂口祐三郎）がこの敷地で敵の忍者軍団と戦うのですが、それだけではありません。ここのお堂を突き破り、なんと巨大な蝦蟇《がま》が出現。赤影に襲いかかるのです。

蝦蟇の映像は、もちろん実景ではなくミニチュアのセットを使った特撮になっています。が、敵が巨大怪獣という時代劇史上でも有数の奇想天外な作品のスタートを飾った地として、強烈なインパクトを残すことになったのです。

B-7

B-8

一切経蔵と唐院の間は道で隔《へだ》てられているのですが、その道の上には石橋[B-9]がかかっており、それによって両エリアは繋がっています。この、「道の上に石橋がかかる」というロケーションは珍しく、立体的なシーンを撮ることができます。道から見上げると三重塔が映り込む[B-10]のも、迫力大。前頁『赤影』での巨大蝦蟇と赤影の決戦の場となりました。

映画『**るろうに剣心**』（二〇一二年）では、主人公の剣心（佐藤健）と敵役の刃衛《じんえ》（吉川晃司）が橋の上下で対峙。ワイヤーを使って橋の上[B-11]から飛び降り、立体をダイナミックに使っています。

B-9

B-10

B-11

金堂を背に参道を進んで側溝にかかる石橋[B-12]を渡ると、唐院へ向かう無数の灯籠《とうろう》が両側に連なる石畳の道[B-13]へ。その奥に石段があり、風雅な造りの門[B-14]が鎮座しています。門の向こうには特別な空間が待っていると思わせてくれる参道です。赤影もこの参道を通り、巨大蝦蟇との戦いに向かいました。

映画『**駆込み女と駆出し男**』(二〇一五年)では、鎌倉の縁切寺・東慶寺の参道に見立てられ、夫と別れるために逃げ込もうとする二人の女性たち(戸田恵梨香、満島ひかり)の必死なアクションが、このエリア全体を使って繰り広げられていました。

B-12

B-13

B-14

仁王門から入って最も奥にあるのが観音堂。そこに向かう長い石段B-15を印象的に使っているのが、映画『**どら平太**』(二〇〇〇年)。主人公の望月《もちづき》小平太《こへいた》（役所広司）はある小藩の不正を糺《ただ》すため奉行として着任するのですが、全く登城することなく、城下の寺に居候《いそうろう》しながら事件解決に臨《のぞ》みます。その寺に向かう石段として、この石段が使われました。門やお堂は別の場所です。

両サイドに紋様のように石畳が敷かれた独特の石段B-16が、劇中では俗世から隔絶された山奥の雰囲気を醸し出しています。が、実はここは拝観受付の真ん前B-17。そんなことを全く感じさせないところが、市川崑《こん》監督のマジックといえます。

B-15

B-16

B-17

坂本（滋賀院門跡、慈《じ》眼《げん》堂）　（C）

坂本は延暦寺の麓《ふもと》に位置する門前町で、今も古くからの街並の風景を残しています。

特によく使われているのが、『**暴れん坊将軍**』（一九七八年、テレビ朝日）。滋賀院門跡は石垣の上に白壁という外塀[C-1]に加えて、勅使門（取材時は補修工事中）も壮麗。そのため上野寛永寺などに見立てられます。

一方、その裏手にある慈眼堂は、奥にある石塔群が墓参シーンに使われる[C-2]他、お堂の前では殺陣が繰り広げられました。お堂の前の石畳の道に灯籠が並ぶシンメトリーの構図[C-3]が、戦いのアクセントになっています。

C-1

C-2

C-3

安《あん》楽《らく》律《りつ》院《いん》（D）

それほどロケで使われることはないのですが、ここで撮られた『るろうに剣心』での剣心と刃衛との最終決戦に強烈な印象があったので、取材リストに入れました。

実際に行ってみると、剣心が現れた山門[D-1]、刃衛が焚火《たきび》をしていた石段[D-2]などはそのままあります。ただ、ことのほか整備されていたことに驚きました。劇中では鬱蒼《うっそう》とした森でしたが、それは実はVFX（CGを使った映像加工）。実際は管理が行き届いており、門の真横に車を停めることもできます。[D-3]「廃寺」とするネット情報もありますが、それは完全に誤りです。

D-1

D-2

D-3

浮《うき》御《み》堂

（E）

琵琶湖面に突き出すように建てられた、あまりに特徴的な建物E-1,2,3のため、他の何かに見立てるということは、ほぼありません。「今この登場人物は琵琶湖畔にいる」ということを観る側に伝えるために使われます。

そうした中で珍しいのが、映画『**近松物語**』（一九五四年）。不《ふ》義《ぎ》密《みつ》通《つう》の疑いをかけられ駆け落ちした男女がたどり着く場所として出てきます。沼のような湿地帯の上に幽玄とたたずむ姿は、他作品とも明らかに異なる不気味さを放ち、溝口健二監督&宮川一夫カメラマンの映像美にうなります。

E-1

E-2

E-3

近江舞子《まいこ》浜　（F）

琵琶湖は太平洋岸に見立てられてきた――と先に述べましたが、まさにここがその代表的な浜辺です。

大きな特徴としては、砂浜が長く続き、湖岸に防風林として松林が連なっていることです。それはまさに、三保《みほ》の松原などと同じ光景。そのため、松林越しに琵琶湖の湖面を撮れば、そこはもう江戸時代の江戸湾や東海道にしか見えなくなるのです[F-1]。

また、松林と湖面とをアングルの両サイドに入れ込みつつ、真ん中の砂浜を歩いてみたら、たちまち「東海道を急ぐ旅人」[F-2]に。こうした景色があるため、長きにわたって幾多《いくた》の時代劇の撮影で琵琶湖畔は重宝されてきました。

ただ、近年は湖畔の開発が進んだため、画面の奥にビルや鉄塔などの「現代」が映り込んでしまいます。また、近江舞子は湖水浴場でもあるため松林内に湖の家も建っている。そのため、近年ではこの辺りはあまり撮影では使われず、東岸でロケすることが多くなりました。そこは後で詳述します（五八頁～）。

F-1

F-2

琵琶湖畔が見立てられたのは太平洋＝東海道だけではありません。宮本武蔵と佐々木小次郎が決闘した関門海峡の巌流島《がんりゅうじま》も、実はこの琵琶湖畔で撮られてきました。前頁の東海道からカメラを反対側に切り返すと、そのまま巌流島の風景になる[F-3]のです。広い水面、砂浜、松原、対岸の山々――と、たしかに巌流島を構成する上で必要な条件は全てここに揃《そろ》っています。

特に、中村錦之助が武蔵を演じた五部作の最終作『**宮本武蔵　巌流島の決斗《けっとう》**』（一九六五年）は、この近江舞子浜で撮られています。内田吐夢監督は本物の海で撮りたかったそうですが、予算の関係から琵琶湖で撮ることになりました。ただ、実際の映像を観てみると、これが琵琶湖とは思えないほど、「海と島」の画《え》になっています。

撮影当時と全く同じアングルを見つけることができましたので、せっかくですから、小次郎（高倉健）が武蔵をひたすら待っていたのと全く同じ場所に立[F-4]ちました。遠く対岸（近江八幡辺りか）を眺めながら、まだ来ない宿敵に想いを馳せてみると、気分はもう小次郎か健さんです。

F-3

F-4

安《あ》曇《ど》川（G）

琵琶湖の北西部、高島市を流れるのが安曇川です。この川をよく使ったのが、深作欣二《ふかさくきんじ》監督でした。川幅が広い一方で全体的に河原が広く、砂が堆積しているため、独特の雄大な画を撮ることができ、そこが時代劇にスケール感を求める深作監督の美意識に合致したといえるでしょう。河口は大きな三角州[G-1]になっているのですが、この広大な河原を使ったのが映画**『必殺Ⅳ 恨みはらします』**（一九八七年）。本作にゲスト仕事人として登場する文七（千葉真一）はここに筵《むしろ》の小屋を建てて、幼い子どもたちと暮らしていました。その風景は船木大橋から一望できます。

一方、そこから少し上流に行ったところにある河原[G-2]では、映画**『柳生《やぎゅう》一族の陰謀』**（一九七八年）の合戦シーンが撮られました。将軍宣下《せんげ》のため京都へ向かう家光一行を浪人軍団が待ち伏せし、襲撃するシーンなのですが、実をいうとここに掲載している写真は実際の撮影現場ではなく、似た感じの景色の見える安曇川大橋で撮ったものです。なぜそうしたのかは、巻末のエッセイ「柳生一族をさがして」（二五六頁）をご覧ください。

G-1

G-2

天《てん》寧《ねい》寺（H）

ここからは琵琶湖東岸になります。

天寧寺の特徴は、大きなお堂[H-1]の中に無数の仏像が並ぶ五百羅漢《ごひゃくらかん》。四方の全てを仏像が埋め尽くす光景[H-2]はまさに壮観です。

映画『**十手舞**《じってまい》』（一九八六年）での父子（川谷拓三、石原真理子）の再会や、映画『**関ヶ原**』（二〇一七年）で秀吉と少年時代の石田三成との出会いが撮られた他、NHK版『**雲霧仁左衛門**《くもきりにざえもん》』（二〇一三年）では盗賊・雲霧一党のアジトになりました。仁左衛門（中井貴一）が暗闇の中、仏像群[H-3]を背後に立つことで、カリスマ性が表現されています。

H-1

H-2

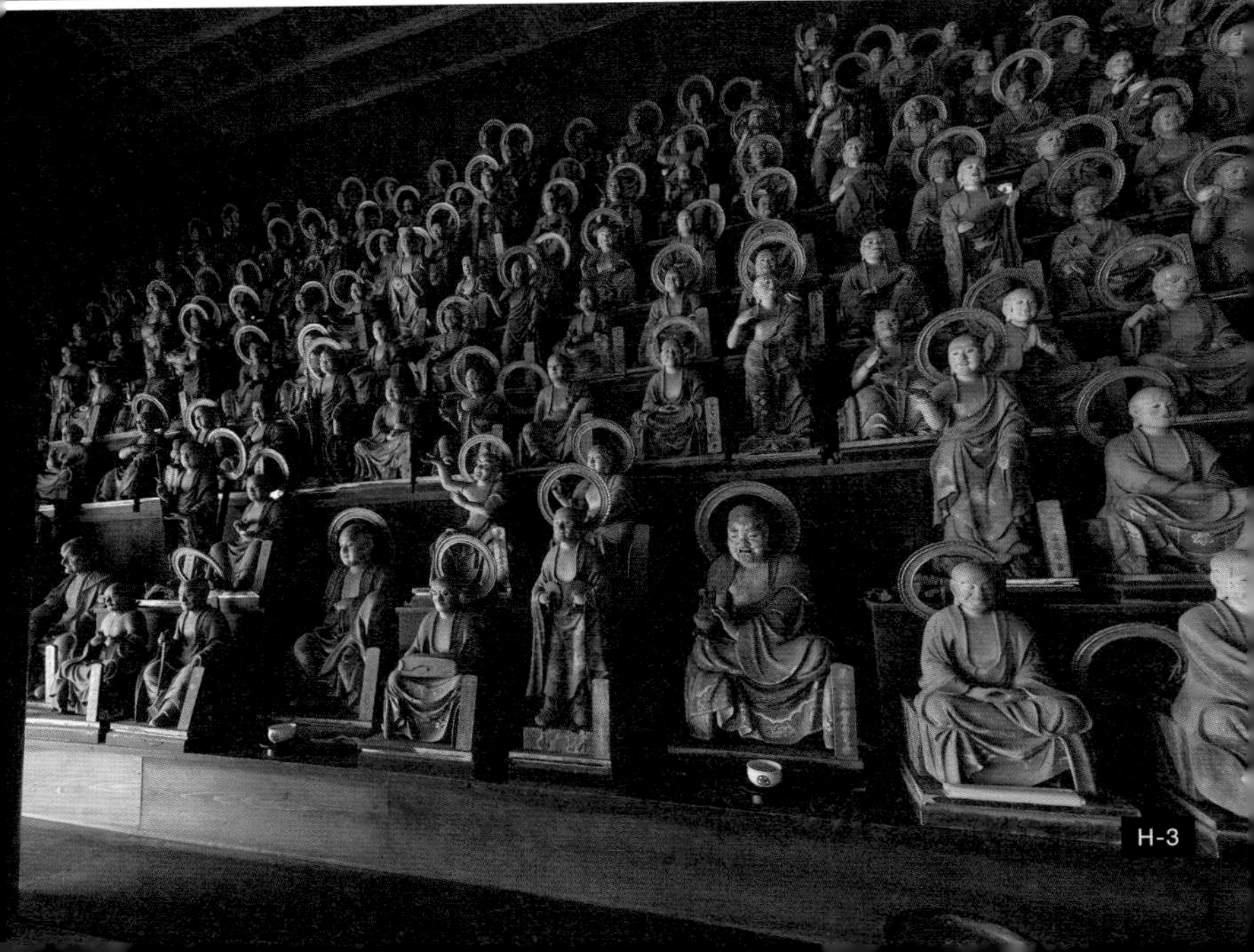

H-3

天寧寺の五百羅漢を使った映画では、古くは『西鶴一代女《さいかくいちだいおんな》』（一九五二年）があります。溝口健二監督による名作です。

物語の冒頭、夜鷹《よたか》に身を落とした主人公（田中絹代）がここを訪れます。そして、仏像たちを見渡しているうちに、その中の一体がかつての恋人（三船敏郎）の面影にオーバーラップされていく。

せっかくなので、場面の画像を参照しつつ、その仏像を探しました。とにかく数が多いので時間がかかりましたが、見つかりました。祭壇を背にして右側のエリア、下から二段目の真ん中近辺の[H-4-5]像が、まさに合致したのです。溝口ファン、三船ファンの方はぜひ探してみてください。

H-5

百済寺《ひゃくさいじ》（一）

百済寺は古くからある大きな山寺ですが、ロケ地としては近年になって注目されるようになりました。

まずは、受付からすぐにある庭園です。[I-1] ここは、映画『関ヶ原』で石田三成（岡田准一）の屋敷として使われました。

幅の広い縁側からはよく手入れの行き届いた庭木を見ることができ、[I-2] その周囲を大きな池が囲んでいます。[I-3] まさに壮観といえる風景を見るだけで、豊臣政権における三成の権勢の大きさを画として伝えることができています。

I-1

I-2

I-3

百済寺は戦国時代には山城としても使われていたようで、当時のまま遺されている年季の入った石段や石垣も見事です。

この長く続く石段のロケで印象的なのは映画『駆込み女と駆出し男』です。

東慶寺の奥の院へと続く道として使われ、二人の主人公が尼僧になるために表門[I-4]を出て石段を登り、山門[I-5]にたどり着く――という場面でこの石垣や石段を堪能《たんのう》することができます。

実際に登ってみると、まさに下界から隔絶された感があり、[I-6]ここでなら劇中同様、俗世での嫌な因縁を断ち切らせてくれるだろうと思わせてくれました。

I-4

I-5

I-6

百済寺の麓にはよく目立つ赤門[I-7]が建っており、ここから入山します。

門の奥は幅の広い土の参道が通っており、その周囲は木々が生い茂っています。そのため、山寺の場面に最適です。

近年で使われることが多くなり、特にスペシャルドラマ**『剣客商売　鬼熊酒屋』**（二〇一四年、フジテレビ）で、毎日のようにここを参拝する老人（石橋蓮司《れんじ》）と主人公の秋山小兵衛《こへえ》（北大路欣也《きんや》）との出会いの場が撮られています。他にもＮＨＫ版『雲霧仁左衛門』では、仁左衛門が決戦前にこの参道に置かれた地蔵に手を合わせ、その決意を表現しています。

I-7

J-1

菜の花畑　（J）

時代劇には菜の花畑がよく出てきます。特に、黄色い花畑の向こうに雪をかぶった山々――という画が、スペシャルドラマ『三屋《みつや》清《せい》左衛門《ざえもん》残《ざん》日録《じつろく》』（二〇一六年、BSフジ）の冒頭など、よく使われます。たいていは守山の「第一なぎさ公園」の花畑が使われるのですが、今回はシーズンを過ぎており、跡形もない状況でした。が、道すがら信号待ちで停車したところ、そのすぐ脇に一面が満開の菜の花畑が。すかさず撮影してもらい、雰囲気だけでも味わっていただくために掲載しました。

五《ご》個《か》荘《しょう》金《こん》堂《どう》地区（K）

古くからの町並みが残る地区です。

特によく使われるのが、外《との》村《むら》繁《しげる》邸《てい》という五個荘近江商人屋敷の周辺で、白壁や板壁といったバリエーションに富んだ外壁の景色に、鯉《こい》が泳げるほど水が澄んで整備の行き届いた側溝[K-1]など、その雰囲気はそのまま江戸時代の閑静な住宅街になります。

映画『**最後の忠臣蔵**』（二〇一〇年）のクライマックスである嫁入りシーンで、京都市街として使われたのが好例です。役所広司と佐藤浩市が松明《たいまつ》を振って嫁入り行列を案内している画が印象的ですが、これは外村繁邸前のうどん店「いっぺき」[K-2]の板塀で撮られました。

K-1

K-2

佐《さ》波《ば》江《え》浜

（L）

琵琶湖畔の「浜」の中でも、ここは砂浜の広さにおいて他を圧倒[L-1]しています。

そのためアクションシーンの撮影に適しており、木村拓哉主演のスペシャルドラマ『**宮本武蔵**』（二〇一四年、テレビ朝日）では巌流島の決闘が撮られています。

ただ、砂の質が柔らかく、足が地面にめり込みます。[L-2]ここで立ち回りをするには、かなりの足腰の力が必要だと気づきます。

振り返るとすぐ県道五五九号で利便性も良い[L-3]ですが、平日などは駐車場が閉鎖されていることもあるので、お気をつけください。

L-1

L-2

L-3

マイアミ浜（M）

近年、時代劇の撮影で使われる浜や松原の大半は、このマイアミ浜です。

広大なオートキャンプ場になっているため、大型車も含めて多くの車を停めることができる上に、浜にも近い。そうしたアクセスの利便性だけでなく、レストハウスもあるのでトイレの心配もありません。何から何まで、ロケに適した場所なのです。

もちろん景色も素晴らしく、浜に出れば全く「現代」は映り込みません。[M-12] よく手入れされた松原も込みで撮れば、どう見ても太平洋の海岸[M-3]になります。

M-1

M-2

M-3

マイアミ浜はオートキャンプ場であるため、松原の道も整備されています。[M-4] しかも、コンクリートやアスファルトで舗装するのではなく、土のままです。

　こんなにありがたいことはありません。そのため、松原の向こうに琵琶湖の水辺を映しながら撮れば東海道[M-5]になりますし、松原単体で撮っても、どこかしらの街道筋として使えます。

　しかも、この松原がけっこう長く、中を一本道が貫《つらぬ》いている。そのため、全く現代の要素が入り込むことがないまま、縦の構図で撮れます。ここに人物を入れ込んで歩かせてみると、画に奥行きが出ます。[M-6]

M-4

M-5

M-6

天神川　（N）

琵琶湖の東南には「湖南アルプス」と呼ばれる山々がそびえます。そして、その間を流れるのが天神川です。

天神川の上流域には山間にもかかわらず、広い河原が広がっており、「岩山が迫るようにせり出している野原」[N-1]という唯一無二のド迫力の景色を撮ることができます。その圧倒的なスケール感に加えて、河原は石ではなく砂が堆積して動きやすい。そのため、大がかりなアクションに適しており、この地で幾多の激闘が繰り広げられてきました。

たとえば若山富三郎主演のテレビシリーズ『**唖侍《おしざむらい》　鬼一法眼《きいちほうがん》**』（一九七三年、日本テレビ）第一五話「消えた賞金稼ぎ」では、タイトルバックで騎馬隊が横一列にやってくる西部劇的な壮観が撮られた他、ラストでも刺客たちとの大チャンバラが展開されています。

近年ではスペシャルドラマ『**女信長**』（二〇一三年、フジテレビ）で桶狭間《おけはざま》の戦いが撮られました。ここなら今川の大軍が休憩していてもおかしくない空間です。

私自身を入れ込んだ写真をご覧いただくと、その広大さがよくわかるかと思います。[N-2]

N-1

N-2

この天神川の河原は、これだけのスペクタクル満点の空間でありながら、実はバス通りの真横という抜群のアクセス性で、週末になるとバーベキュー客で賑わいます。

そのため、河原に降りるルートも確保されており、撮影機材の運搬や俳優の移動も苦になりません。「火の用心」の看板が降り口の目印[N-3]です。

砂が堆積しているのは巨大な堰堤《えんてい》にせき止められているため[N-4]で、下流方向に目を移すと巨大なコンクリート塊が目立ちます。そのため、実は撮影のアングルは上流方向に限定されていたりします。

N-3

N-4

天神川周辺から見渡せる湖南アルプスの山々もまた、数多くの時代劇で使われてきました。ところどころに岩肌が露出した独特の景観のはげ山[N-5]のため、岩稜《がんりょう》のゴツゴツした感じを使った峠《とうげ》道のシーンの他、アクションを撮るのにも適しています。

特に、『仮面の忍者 赤影』で頻出。この異様ともいえる岩稜のロケーションを使って馬上アクションや忍術を駆使した立ち回りが展開されることで、ファンタジー性はさらに高まることになりました。

今回はスケジュールの関係で山中に入ることはできなかったので、田上公園からの遠景を掲載しておきます。

N-5

II　甲賀

滋賀県の東南に位置する甲賀《こうか》地方は、「忍者の里」としても知られています。それだけに山深いエリアで、かつてはあまり撮影は行われてきませんでした。

が、近年になって交通の利便性が高まったことや、滋賀のロケーションオフィスのプレゼンテーションもあり、時代劇のロケ地として重宝されるようになってきました。

このエリアのロケ地としての大きな特徴は、景色のコンパクトさです。琵琶湖周辺はスケール感の大きな景色が続きましたが、甲賀はどこも箱庭的に凝縮されている。そのため、「この画だけが欲しい」とピンポイントで狙う際に適しています。そして、どことなく流れるのんびりとした穏やかな空気も魅力的で、その空気が画面に反映して、平和な空間として映し出されることも。

また、どのロケ地も、とにかく駐車場から撮影スポットまでが近い。それは、多くの機材や人員を必要とする時代劇の撮影において、何よりありがたいことだったりします。

各地の管理者の皆さまが実際に解説をしてくれたり、案内をしてくれたり――というのも、これまでの取材にはない経験でした。そうした熱心さもまた、近年になって撮影が増えてきた要因の一つではないかと思えます。

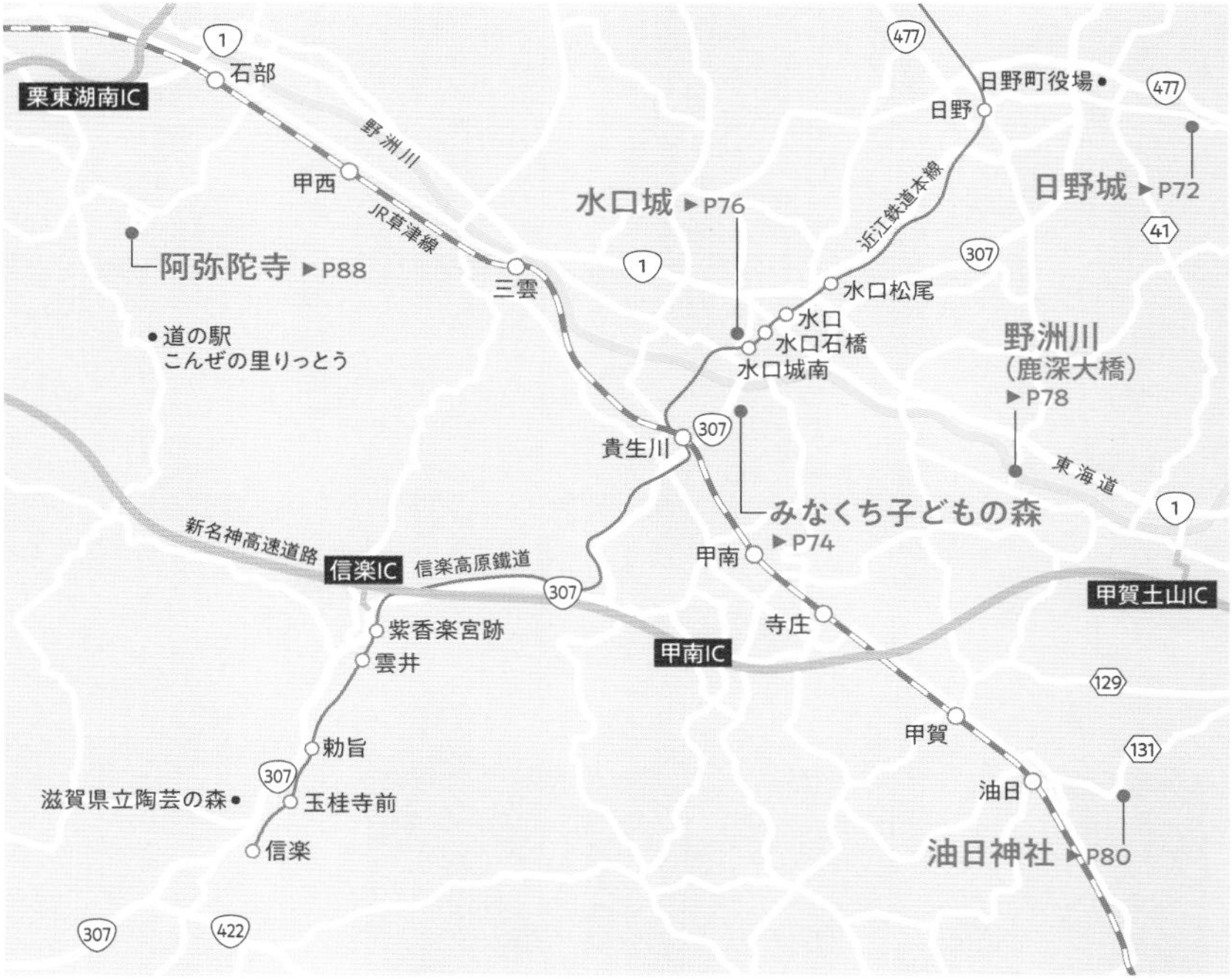

栗東湖南IC
石部
野洲川
甲西
JR草津線
阿弥陀寺 ▶P88
三雲
道の駅
こんぜの里りっとう
水口城 ▶P76
日野町役場
日野
近江鉄道本線
日野城 ▶P72
水口松尾
水口
水口石橋
水口城南
野洲川
（鹿深大橋）
▶P78
貴生川
東海道
みなくち子どもの森
▶P74
新名神高速道路
信楽IC
信楽高原鐵道
甲南
寺庄
甲賀土山IC
甲南IC
紫香楽宮跡
雲井
勅旨
甲賀
油日
滋賀県立陶芸の森
玉桂寺前
信楽
油日神社 ▶P80

日野城（中野城）　（A）

映画『**るろうに剣心　伝説の最期編**』（二〇一四年）で剣心と蒼紫《あおし》（伊勢谷友介）の決闘が撮られた場所です。安楽律院と同様、どのような場所か気になりました。

特徴は一作目で使われた三井寺と同じく、道の上に石橋がかかっていること A-1 です。この立体的な構図を使ってワイヤーアクションが展開された他、狭い道幅の両サイドに石垣が迫る窮屈《きゅうくつ》な空間 A-2,3 も利用されています。

映像を観るとけっこうな山奥に思えるのですが、実は駐車場から入ってすぐにこの光景があるのには驚かされました。

A-1

A-2

A-3

みなくち子どもの森（B）

子どもたちが里山体験できる施設の一部に、農家を再現した家屋など、田園の全てが箱庭的に凝縮されたエリア[B-1]があります。

長閑《のどか》な雰囲気のため平和の象徴になりやすく、映画『**るろうに剣心　京都大火編**』（二〇一四年）での闘いを拒む刀鍛冶《かじ》の家や、スペシャルドラマ『**顔**』（二〇一六年、J：COM）で殺し屋（松平健）が引退して平穏に暮らす農家[B-2]として使われています。

山奥のひっそりした田園のような風情[B-3]がありますが、ここも実は駐車場の真横にあったりします。

B-1

B-2

B-3

水《みな》口《くち》城

（C）

櫓《やぐら》、石垣、堀、橋と一通りの施設はほとんど備わっており、しかも大きな城郭《じょうかく》でないため、全てを一つの画の中に入れられる。[C-1,2]

そのため、シーンの頭でワンカット、ここの外観を入れることで、「ここはどこかしらの城である」と伝えることができます。

姫路城や彦根城では、その場面で表現したい城にしては規模が大きすぎる。そのような際に最適なのが、水口城なのです。映画『**茶々**』（二〇〇七年）の淀《よど》城などが好例です。

車道の真横にあり、アクセスも完璧です。[C-3]

C-1

C-2

C-3

野《や》洲《す》川（D）

琵琶湖周辺や京都市内の河川は河岸工事や周辺の開発が進んできたため、かつてのような大がかりな合戦シーンなどは撮りにくくなりました。そこで使われるようになったのが、この野洲川です。

特に鹿深《かふか》大橋周辺は広い河原があり[D-1]、一方で水深はそうないので、人馬が通ることもできます。[D-2]それを活かして、NHK版『柳生一族の陰謀』の合戦シーンはここで撮られました。

河原に出ようとしたところ、草木が鬱蒼と生い茂っていて道を見つけられなかったのですが、狐が現れ、道案内してくれました。[D-3]

D-1

D-2

D-3

油《あぶら》日《ひ》神社

（E）

ここの最大の特徴は、楼門《ろうもん》[E-1]です。石垣に囲まれた参道[E-2]の奥にそびえており、鳳凰《ほうおう》の羽根が広がったような独特の形状で回廊が左右に伸びています。[E-3]しかも、これが華美な感じではなく、木の質感が全面に出た、侘《わ》びた風情がある。

この光景が多くの作り手たちに愛され、近年では大がかりな映画やスペシャルドラマの大半で使われています。その数は大覚寺を凌《しの》ぐといっても過言ではないほどです。

「コ」の字の回廊に囲まれたスクエアの中では、さまざまなドラマが展開されています。

E-1

E-2

E-3

通常、神社の楼門周辺の回廊は地面からそのまま建っているのですが、油日神社は珍しく床が張られています。[E-4] また、当時の建物では珍しく天井も高い。[E-5]

そのため、俳優も芝居がしやすく、そのまま「建物」として使われることもあります。スペシャルドラマ『**必殺仕事人2018**』（テレビ朝日）では寺子屋として使われました。

また、回廊に囲まれた境内は広さがあり、しかも一切の現代が映り込まない[E-6]ため、この空間全体を使って多くの人間を集めたシーンを大胆に撮れます。映画『**るろうに剣心　最終章 The Beginning**』（二〇二一年）での奇兵隊の参集が好例です。

E-4

E-5

E-6

油日神社が撮影で使われるのは、回廊や楼門だけではありません。当時のまま残っている本殿[E-7]もまた、年季の入った風情があり、画に情感をもたらしています。

また、この本殿から楼門方向を見ると、回廊、楼門、参道が一直線に見えて壮観です[E-8]。映画『**信長協奏曲《コンツェルト》**』（二〇一六年）では、このアングルで門の奥に軍勢を配して、信長（小栗旬）と濃姫《のうひめ》（柴咲コウ）の別れのシーンが撮られています。

一方、本殿奥の境内社付近[E-9]は一転して薄暗く、回廊付近のスペクタクルと対極的な「楚々《そそ》とした境内」の感があり、NHK版『**伝七捕物帳《でんしちとりものちょう》**』（二〇一六年）などで、通常の神社参拝シーンなどで使われています。

E-7

E-8

E-9

油日神社の宮司さんのご案内で、神社裏手の谷地田《やちた》にお連れいただきました。

近年では都市開発や道路整備が進んだために田園風景の遠景は撮りにくくなりました。それがここは全方位にわたって、どれだけカメラが引いても現代が映り込むことがない。E-10 それでいて車が通れる道もある。まさに時代劇を撮るための空間といえます。

道を進むと坂道を上り、その先にはため池E-11があります。池と田園の間には堤道E-12があり、田園に向かって斜面になっています。

映画『**帰郎**』（二〇二〇年）

E-11

E-12

阿《あ》弥《み》陀《だ》寺（F）

歴史を感じる石段[F-1]、昇った先にある石垣[F-2]や山門はいずれも楚々とした情感にあふれ、「地方の藩にある由緒ある寺」といった場面にピッタリの場所です。

印象的な使われ方をしたのはテレビスペシャル『**壬生義士伝**』（二〇〇二年、テレビ東京）です。南部藩内の寺として使われ、主人公（渡辺謙）がのちに妻となる女性（安倍なつみ）と初めて出会う場面が撮られています。石垣の他、本堂から山門方向のアングル[F-3]が「視線の先に恋する相手がいる」というシーンになっています。

F-1

F-2

F-3

III

奈良

奈良は京都以上の歴史を有する古都です。そのため、古の景色が随所にあります。

ただ、薬師寺、法隆寺、唐招提寺《とうしょうだいじ》、東大寺大仏殿などは取材しませんでした。というのも、これらはどこからどう見ても「それ自身」にしか見えず、時代劇においても「そのままの場所」としてしか使われないためです。

また、柳生の里も時代劇でよく使われますが、これも劇中で「柳生の里」としてしか使われないので、取材リストから外しております。

本書が取り上げるのは、あくまでも「映像作品において、別のどこかに見立てられ、撮り方によっては本当にそう見える」というロケ地なのです。

そうした視点で考えると、奈良はロケ地としても重宝できる地でした。京都からの移動距離はそう長くなく、しかも神社仏閣を含めてさまざまに「古」を今に残しています。そのため、京都のロケ地を補完してきた歴史があったのです。

京都では見られない、奈良ならでは――といえる由緒ある光景が、時代劇製作者たちの手によって思いも寄らぬ場所に化けていくことになります。

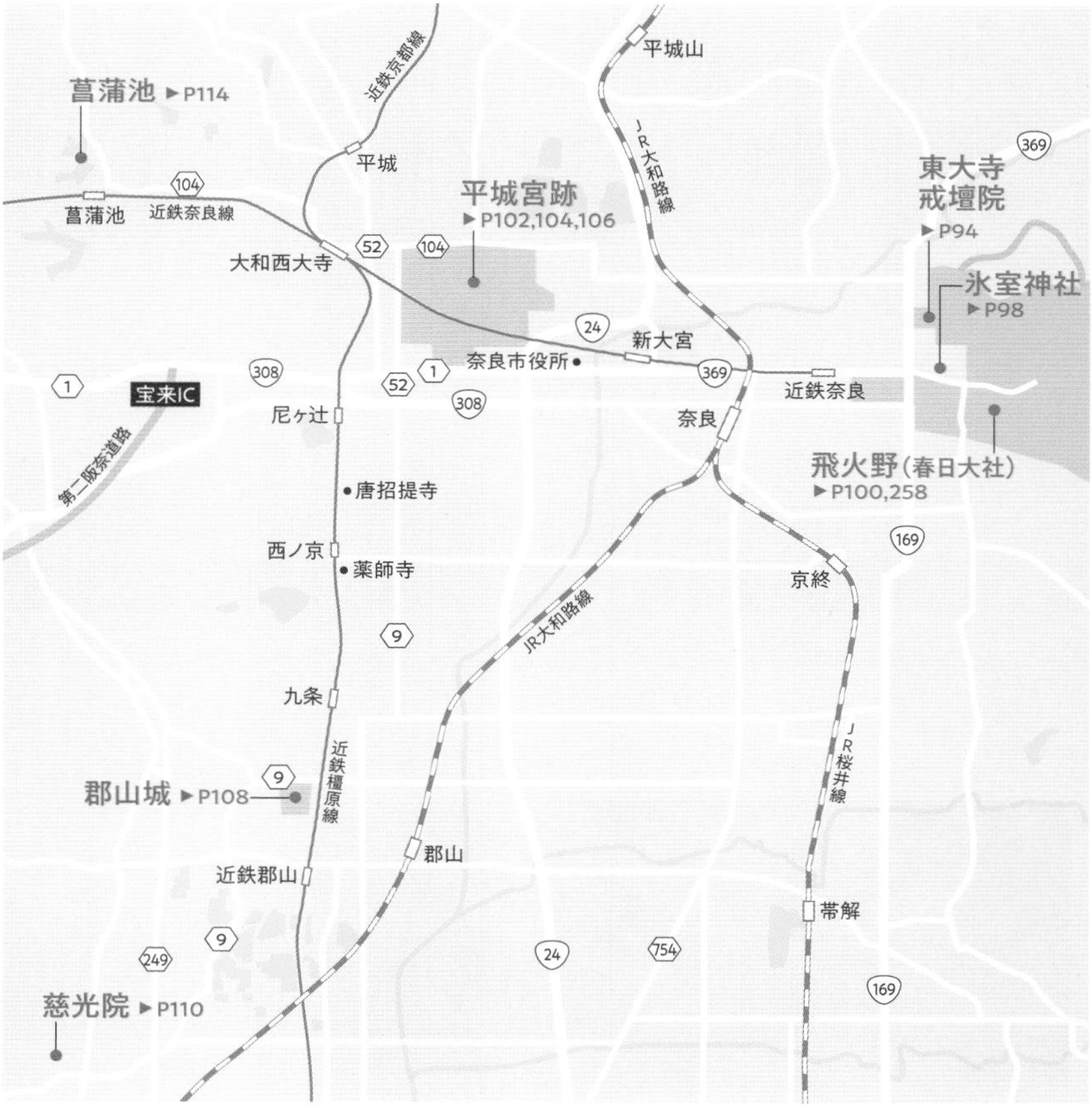
菖蒲池 ▶P114
近鉄京都線
平城山
平城
104
菖蒲池
近鉄奈良線
JR大和路線
平城宮跡
▶P102,104,106
369
東大寺
戒壇院
▶P94
大和西大寺
52
104
氷室神社
▶P98
24
新大宮
奈良市役所
369
近鉄奈良
1
宝来IC
308
52
1
308
尼ヶ辻
奈良
第二阪奈道路
飛火野（春日大社）
▶P100,258
唐招提寺
169
西ノ京
薬師寺
京終
JR大和路線
9
九条
JR桜井線
近鉄橿原線
9
郡山城 ▶P108
郡山
近鉄郡山
帯解
9
249
24
754
169
慈光院 ▶P110

東大寺戒壇院《かいだんいん》（A）

戒壇院は、時代劇史を語る上で重要な映画『雄呂血《おろち》』（一九二五年）の聖地です。

時代劇スター・阪東妻三郎《ばんどうつまさぶろう》は、それまでの歌舞伎的な様式の立ち回りを、躍動感あふれるアクションとしての殺陣へと転換させます。その代表作が『雄呂血』です。阪東妻三郎の演じる、いわれなき罪に陥《おとしい》れられた浪人が、捕り方を相手に大チャンバラを繰り広げるのですが、それが撮られたのが、戒壇堂の門前でした。A-1

当時と全く変わらない光景を目にすると、時代劇の歴史が動いた瞬間にタイムスリップした錯覚に囚われてしまいます。A-2,3

A-1

A-2

A-3

『雄呂血』の立ち回りは、戒壇院内にある千手堂の門前[A-4]からはじまります。阪東妻三郎はこの土壁や門を使って縦横無尽に闘います。一方、千手堂自体[A-5]も、主人公がトボトボと歩く場面の背景で映ります。

さて、戒檀堂前の大チャンバラでは、激しい動きが撮られていますが、カメラのアングルは前頁A－2からほとんど動きません。それは、当時は今ほど移動撮影の技術がなかったからというのもありますが、他にもあります。

カメラを切り返すと、大仏殿と若草山が映り込む[A-6]のです。そうなると、奈良以外の何ものでもなくなります。映画の舞台は小さな街なので、それでは困るわけです。

A-4

A-5

A-6

氷《ひ》室《むろ》神社　（B）

『雄呂血』の聖地としてもう一カ所ご紹介したいのが、この氷室神社[B-1]です。

ここでは、全ての悲劇の発端となるシーンが撮られています。それは、主人公が恋する女性に言い寄り、そして拒《こば》まれる。その様が暴漢と誤解されてしまう場面です。

参道の光景は当時とは変わっていますが[B-2]、石段やその脇の石垣はそのまま。

また、立ち回りの前に野次馬が落ちる池[B-3]もここにあります。

戒壇院から歩いてもすぐなので、ぜひとも一度で回っていただきたいです。

B-1

B-2

B-3

飛《とび》火《ひ》野《の》（春日大社）　（C）

春日大社の境内にある、広大な芝生原[C-1]が使われた作品で特に印象的なのは、映画『**宮本武蔵 般若坂《はんにゃざか》の決斗**』（一九六二年）です。

武蔵（中村錦之助）と、一帯を荒らす野武士集団、そして宝蔵院の僧兵たち、三《み》つ巴《どもえ》の激闘が繰り広げられる「般若坂」がこの地で撮られました。内田吐夢監督ならではのスケール感あるド迫力のアクションは、この広大な野原の斜面[C-2,3]だからこそ撮れたといえます。

ロケ地の特定方法と撮影ポイントへの行き方は巻末エッセイ「般若坂をさがして」（二五八頁）にて解説しています。

C-1

C-2

C-3

平城宮跡（朱雀《すざく》門）

（D）

平城京はどう見ても平城京だろう――と思われるかもしれませんが、実はそうでもないのです。

朱雀門D-1とそこから延びる朱雀大路D-2は、映画『陰陽師《おんみょうじ》』（二〇〇一年）で「平安京」として使われています。これほどの巨大な門と長大な通りはこの地をおいて他にはなく、しかも整備が行き届いているため、まるで奈良時代や平安時代のような雅さD-3を表現できるのです。平城宮の復元があったからこそ、平安京の景色も描くことができたといえます。

D-1

D-2

D-3

平城宮跡（第一次大極殿《だいごくでん》）（E）

　ここも平安京として使われたのかというと、そうではありません。スペシャルドラマ『**必殺仕事人2012**』[E-1]で、高橋英樹が演じる悪党の御殿として使われています。

　さすがに当時の江戸にこんな巨大な建物[E-2]はないだろうと思えなくもないのですが、高橋英樹の堂々たるカリスマ性に似合っていて「彼ならありえるかも」と変に納得できてしまいます。

　お気をつけいただきたいのは、平城宮跡の移動は長大な上に日陰が全くない[E-3]ことです。そのため、夏場は各所の休憩施設を必ず活用してください。

E-1

E-2

E-3

平城宮跡（東《とう》院《いん》庭園）（F）

第一次大極殿から、同じ敷地とは思えないほど長い距離を歩いた先にあるのが東院庭園です。可能なら、レンタサイクルで移動することをオススメします。

ここは朱雀門と逆に、平城京より前の時代の都――斑鳩宮《いかるがのみや》や飛鳥宮《あすかのみや》として使われます。

特に印象的なのはスペシャルドラマ『**聖徳太子**』（二〇〇一年、ＮＨＫ）。ここでは豪族・蘇《そ》我《がの》馬《うま》子《こ》（緒形拳）の屋敷となり、入り口の門[F-1]、中の屋敷、池、橋[F-2]――と、あらゆるアングルから撮られていました。その壮麗な造り[F-3]が、馬子の権勢を映し出しています。

F-1

恐れ入ります
切手を
お貼り下さい

〒 郵便はがき

〒602-0861

京都市上京区新烏丸頭町
164-3
株式会社ミシマ社京都オフィス
編集部行

フリガナ

お名前　　　　　　　　　　　　歳

〒

ご住所

（　　　　）

ご職業

メルマガ登録ご希望の方は是非お書き下さい。

E-mail

★ご記入いただいた個人情報は、今後の出版企画の参考として以外は利用致しません。

ご購入、誠にありがとうございます。
ご感想、ご意見をお聞かせ下さい。

① この本の書名

② この本をお求めになった書店

③ この本をお知りになったきっかけ

④ ご感想をどうぞ

★お客様のお声は、新聞、雑誌広告、HPで匿名にて掲載させていただくことがございます。ご了承ください。

⑤ ミシマ社への一言

F-2

F-3

郡《こおり》山《やま》城（G）

豊臣政権のナンバー2であった大納言秀長《ひでなが》が居城としていただけあり、巨大な城郭を誇る城です。

ただ、実際の撮影で使われるのは追手《おうて》門G-1と、そこに隣接する追手向《むかい》櫓《やぐら》G-2が大半になります。ここの特徴は、壁が漆喰《しっくい》の白壁ではなく、板張りの黒壁であるということです。実は、京都の周辺で黒壁の城というのは珍しい。

そのため、「このシーンを撮るのに白壁の城では優雅すぎる。質実剛健にしたい」という場合、郡山城が使われます。また、駐車場が櫓の真ん前G-3というのも撮影にはありがたいです。

G-1

G-2

G-3

慈《じ》光《こう》院（H）

将軍家指南の茶人でもあった当地の大名・片桐石州《せきしゅう》が建てただけあり、空間の全てが風情に彩られています。この地を撮影でよく使ったのが、篠田正浩監督でした。時代劇映画を通して日本文化の見直しを考えていた篠田監督は、ロケ地にもこだわり抜きます。映画**『鑓《やり》の権三《ごんざ》』**（一九八六年）は、ここの庭園[エ-1]で撮られています。

主人公の権三（郷ひろみ）の茶道の師匠・おさゐ（岩下志麻）の屋敷の庭として使われています。庭は実際の当地でのロケ、屋内は撮影所のセットというトリッキーな撮り方でした。権三とおさゐが屋内でもみ合っているのを、庭先に忍び込んでいた侍（火野正平）が目撃し、両名に不義の汚名を着せる場面は、そのように撮られています。

庭園の特徴は、丸い刈り込みです。そのサイズがとにかく大きい。[エ-2]劇中でも登場人物たちより遥かに高く映っていますが、それが撮り方による錯覚ではなく、実際に見たら本当にその大きさでした。この庭で撮影すれば、「それだけの刈り込みを維持できるだけの格式の家」という表現ができるわけです。

H-1

H-2

同じく篠田監督の映画『梟《ふくろう》の城』（一九九九年）では庭以外の場所も使われています。戦国時代の堺の豪商・今井宗久《そうきゅう》（小沢昭一）の邸宅として撮影され、茶を点てる場面もあります。宗久といえば、利休と同時代の茶人でもあります。それだけの男の造った茶室ですから、生半可な場所では許されません。その点、慈光院には石州侯《せきしゅうこう》の時代からの茶室[H-3]が今も残っており、申し分ありません。

また、茶室そのものだけでなく、茶室の入り口や、そこから庭を見渡せる縁側[H-4]、そして完璧な風情を残す山門[H-5]も宗久の邸宅として使われ、隅々まで凝《こ》らした風情により、どれだけの粋人《すいじん》かが伝わってきました。

H-3

H-4

H-5

菖蒲《あやめ》池（一）

オシャレな住宅街として再開発されている地区ですが、昭和初期は映画の撮影所がありました。それが、右太衛門《うたえもん》プロ撮影所。北大路欣也の父親にして、時代劇の大スターであった市川右太衛門が自ら設立したプロダクションの撮影所です。右太衛門の代名詞となった**「旗本退屈男」**の第一作（一九三〇年）がここで撮られるなど、重要な聖地なのです。

今は跡形もないのですが、「いろどりの森公園」から池畔のテラス方向を眺める[I-1]と、往時の写真と重なってきます。

I-1

Ⅳ　姫路

姫路といえば——姫路城。

かつてなら、それで終わりということになってしまうのですが、近年ではそれも変わってきました。地元のロケーションオフィスが力を入れていることもあり、他の場所でも時代劇の撮影が多く行われるようになってきたのです。

高速道路を使えば京都から決して遠くはなく、しかも城下町の大都市であるため、車での移動も駐車スペースも困ることがない。そういう点でも、時代劇のロケに適した地域だということができます。

しかも、必ずといっていいほど撮影される聖地中の聖地・姫路城から、どこも程近いのも大きい。姫路城を撮ったついでに——といったら失礼かもしれませんが、「そこだけのために行く」となると効率が悪いところを、「姫路城＋α」と、一日で二カ所以上撮影できる。これは、けっこう重要な利便性だったりします。

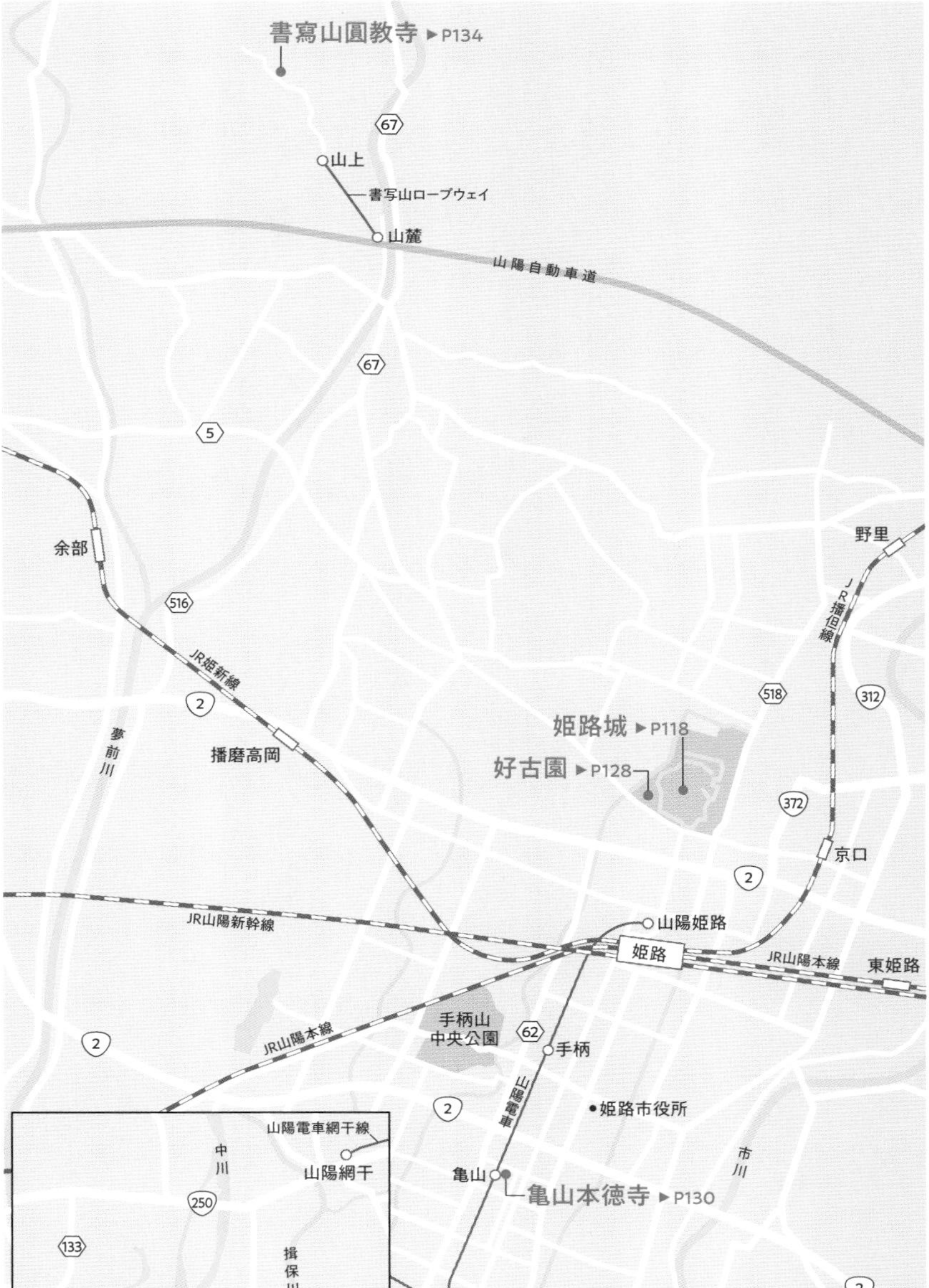
書寫山圓教寺 ▶P134
67
山上
書写山ロープウェイ
山麓
山陽自動車道
67
5
余部
516
JR姫新線
2
夢前川
播磨高岡
野里
JR播但線
518
312
姫路城 ▶P118
好古園 ▶P128
372
京口
2
山陽姫路
JR山陽新幹線
姫路
JR山陽本線
東姫路
手柄山中央公園
62
JR山陽本線
2
手柄
山陽電車
2
姫路市役所
山陽電車網干線
中川
山陽網干
亀山
亀山本徳寺 ▶P130
市川
250
133
揖保川
2
新舞子海水浴場 ▶P142
飾磨

姫路城　（A）

姫路城が時代劇で「姫路城そのもの」として使われることは、ほとんどありません。門、櫓、城壁、石垣、石段――など、城を構成するあらゆる要素が巨大な城郭の中にいくつも往時のまま残るため、「城の景色」としてのバリエーションに事欠きません。そのため、ありとあらゆる場所が「他のなんらかの城」に見立てられてきたのです。

天守閣は主に、江戸城の天守閣として使われています。代表的なのは『暴れん坊将軍』。吉宗（松平健）が暮らす江戸城の外観、あるいはサブタイトルが出るタイトルバックに、この天守閣が毎回のように映し出されます。特に多いのは西の丸方向からの斜め気味のアングルですが、二の丸方向からの正面アングルもよく使われてきました。

ただ本当は、四代将軍の時代に、江戸城の天守閣は焼失しているんですよね。だから、吉宗の時代に天守閣はないはずで、しかもその天守閣は姫路城。それだけでも、『暴れん坊将軍』がディテールに目くじらを立てる必要のない純正ファンタジーだと、よくわかります。

A-1

A-2

西の丸から「は」の門へと上がっていく坂は「将軍坂」と呼ばれています。それは『暴れん坊将軍』でよく使われるからそう名付けられたのですが、ここはもう一つ、重要な作品でも使われています。

それが黒澤明監督の映画『**影武者**』（一九八〇年）です。物語の序盤、武田信玄（仲代達矢）は徳川方の野田城を攻略中に城内の敵兵に鉄砲で撃たれ、致命傷を負います。そして、徳川に悟られないように撤退します。その様子を怪しんだ家康は、射撃した兵にその時の様子を再現させるのですが、その場面がこの坂で撮られました[A-3]。鉄砲を撃った穴（狭間《さま》）は角から数えて上から四番目にあります。ここを覗《のぞ》くと、ちょうど劇中と同じように一本の木が立っており、歴史を動かした名もなき狙撃兵の気分を味わうことができます[A-4]。

A-3

A-4

天守閣の前にある広大なスペース・備前丸も『影武者』の聖地です。

ここは織田信長（隆《りゅう》大介）の居城・岐阜城に見立てられていて、武田軍が撤退した報を信長が受ける場面が撮られています。

姫路城ならではの巨大な城門、城壁、石垣が映り込み[A-5]、「岐阜城にしてはいくらなんでも規模が大きすぎるだろう」と思ってもしまいます。が、その壮観をバック[A-6]に信長が広場を馬で駆ることで、信長という人物のスケール感が表れていました。

映像を観ると競馬場のような広さにも感じられますが、実際に行ってみると思ったより狭く[A-7]、黒澤明の撮り方の見事さに感服できます。

A-5

A-6

A-7

さまざまな城に見立てられてきた姫路城ですが、映画『関ヶ原』では「築城中の大坂城」として使われました。

まず、「扇の勾配《こうばい》」と呼ばれる高石垣が、二の丸から煽るような[A-8]構図で撮られ、その上に立つ三成（岡田准一）の姿が見えます。次に石垣の上で秀吉（滝藤賢一）に控える三成の姿のカットに変わり、最後はそこから建築中の城門を見下ろす[A-9,10]という画になります。ここでは、菱《ひし》の門と周辺の城壁をCGで合成して漆喰から黒塀に変更。現代の街並も消しています。

この場面は「扇の勾配」の石垣を心ゆくまで堪能でき、城好きにもたまらないシーンになっています。

A-8

A-9

A-10

姫路城は他にもあらゆる場所が、あらゆる時代劇の「城」の場面で使われてきました。たとえば入ってすぐにそびえる巨大な「菱の門」[A-11]は、映画『**隠し剣 鬼の爪**』(二〇〇四年)などの登城シーンでお馴染みです。

また、建物だけでなく城郭そのものが当時のまま残されているので、どこでもちょっと歩く画を撮るだけで「城」としての迫力が出ます。攻められにくい構造をしているため、道が曲がりくねっていたり、細かい段差があったり[A-12]、城壁と石垣に挟まれて狭くなっていたり[A-13]。そうした一つ一つの場所が、映像にすると要塞としての雰囲気を出すため、忍者や盗賊が潜入する場面もここで撮ると一気に緊迫感が増します。

A-11

A-12

A-13

好《こう》古《こ》園（B）

武家屋敷地区らしく、立派な土壁が長く連なっている通りが特徴です。しかも、どこから撮っても、どれだけ引いても、全く現代が映り込みません。

その上、T字路、壁も白とベージュの色彩のグラデーション[B-1]、年季の入った石垣と側溝[B-2]と景色もバリエーションに富む。

そのため、動的なシーンを撮るのに適しており、映画『るろうに剣心』での、剣心の頬に傷ができるキッカケとなる暗殺場面や、『関ヶ原』で、石田三成を襲撃すべく大名たちが伏見の街を駆ける場面[B-3]などで使われました。

B-1

B-2

B-3

亀山本徳寺（C）

本徳寺の本堂[C-1]は明治元年の火災で焼失した際、西本願寺の北集会所が移設されて建立されました。そして、この北集会所が実際に新選組の屯所《とんしょ》になっていたことから、大河ドラマ『**新選組！**』（二〇〇四年、ＮＨＫ）以降は新選組関連作品で屯所のシーンに使われるようになりました。

とても大きな伽藍《がらん》で、「妻入りの向拝《こうはい》」の正面にある大階段[C-2]には目を見張ります。映画『**燃えよ剣**』（二〇二一年）では、新選組幹部が大階段の上に居並び、下にいる隊士たちに檄《げき》を飛ばす場面[C-3]が撮られました。

C-1

C-2

C-3

映画『燃えよ剣』では本堂奥の回廊[C-4]も屯所として使われ、特に近藤勇《いさみ》（鈴木亮平）と土方歳三《ひじかたとしぞう》（岡田准一）が口論するシーンが印象的です。実際の歴史においても隊士たちが過ごした、同じ場所で撮影された――と思うと、感慨もひとしおです。

他にも、随所に「歴史」を感じさせる建築物があります。境内全体はスペシャルドラマ『女信長』での相国寺として使われ、三好勢と明智光秀（内野聖陽《せいよう》）との合戦シーンでは大きな山門[C-5]がアクセントになっていました。また、元禄年間に造られた大玄関[C-6]は『関ヶ原』の石田屋敷として使われ、百済寺の庭園と同じく、その豪華な造りが三成の権勢を示しています。

C-4

C-5

C-6

書《しょ》寫《しゃ》山《ざん》圓《えん》教《ぎょう》寺《じ》

（D）

姫路の郊外、書写山の山深くに建つ圓教寺がロケ地として注目されるようになったのは、ハリウッド映画『**ラストサムライ**』（二〇〇三年）からです。

明治初期の日本を舞台にした作品で、新政府の軍事教練のためにアメリカから招かれた軍人（トム・クルーズ）が、明治維新に馴染めずに山奥の砦《とりで》に籠《こも》って自分たちの生き方を通そうとする「サムライ」たち（渡辺謙、真田広之、福本清三ら）と出会い、意気投合するという物語。その山奥の砦として撮られたのが、この圓教寺でした。

標高三七一メートルの山上にあるため、参拝客のために麓の駅からロープウェイが運行されています。ロープウェイ駅の壁面にはトム・クルーズと渡辺謙のサインが飾ってあり D-1、本当にここで彼らが撮影したんだ——と認識できてミーハー心をくすぐられます。

山上まで登ると、そこは下界から完全に隔絶された世界。「厳《おごそ》か」という言葉しか浮かばないほど、特別な結界の中に入った気がしました。そして、駅からは鬱蒼とした山道が続きます。その光景は、まさにトム・クルーズが福本清三と歩いた道そのもの D-2 でした。

THE LAST SAMURAI
ラストサムライ
TOM CRUISE
トム クルーズ様
KEN WATANABE
渡辺 謙様
「THE LAST SAMURAI」
平成十四年神無月
D-1

D-2

山道を登り切ると一気に景色が開け、大講堂、食堂、常行堂《じょうぎょうどう》という巨大な「三之堂《みつのどう》」D-3が鎮座しています。劇中でトム・クルーズがこの光景に圧倒されていましたが、実際にそれだけの迫力がありました。

中でも、時代劇でよく使われるのは大講堂D-4です。二層の巨大な建築であるだけでなく、何本も連なる太い柱、その間にある扉はいずれもインパクト満点で、映像に迫力をもたらしているのです。

中でも印象的な使われ方をしたのが『駆込み女と駆出し男』でした。東慶寺の奥の院として使われ、尼僧となった女性たちが読み書きや武芸の稽古をする場面が撮影されています。圓教寺でロケをしたことで「山奥にこれだけの規模の寺がある」ということが示され、劇中の東慶寺の威厳が表現されることになったのです。

『駆込み女と駆出し男』は、入り口の玄関が三井寺の唐院、奥の院への石段が百済寺、そして奥の院がこの圓教寺――と、今回取材した各ロケ地から「おいしいとこどり」のコラージュをしながら、「東慶寺」という空間を作り出していたのでした。

D-3

D-4

常行堂[D-5]は『ラスト サムライ』で渡辺謙が扮する勝元の拠点として使われていました。外観も内装も木の質感が前面に出ているその造り[D-6]は、時代に決して迎合しようとしない勝元のキャラクターにピッタリ。ここに渡辺謙が座っているだけで、勝元の質実剛健な人間性が見えてくるようでした。

食堂の向かい側にある本多家廟屋《びょうおく》[D-7]は勝元ゆかりの寺として使われ、トム・クルーズとともに桜の花見をする場面が撮られています。

古からの情感を残したお堂や灯籠と、艶《あで》やかに咲く満開の桜とのコントラストが見事で、もうすぐ儚《はかな》く散ろうとしている「サムライ」たちの心象を映し出していました。

D-5

D-6

D-7

食堂の裏手にある奥之院[D-8]は、『ラスト サムライ』で「雪の中での剣の稽古」の場面に使われています。山全体がただでさえ厳かな空間なのですが、奥之院ともなるとさらにその度合いは強くなり、「近代」に背を向けてこの地に生きる「サムライ」たちの厳然さが伝わってくる場面になっていました。

　この奥之院に向かう場合、食堂の裏を抜けるとすぐなのですが、あえて大講堂脇の坂道から遠回りすることをオススメします。林の向こうに大講堂の巨大な建物が見える——という、劇中でトム・クルーズと福本清三が歩いた背景に出会えるからです。

　雨の書写山は幽玄そのもの[D-9]。帰りのロープウェイも[D-10]、その眺めに見入りました。

D-8

D-9

D-10

新舞子海水浴場（E）

「必殺」シリーズの聖地です。干潮時には大きな干潟ができるのですが[E-1]、それがシリーズ第一七作『**新・必殺仕事人**』（一九八一年）のエンディングロールのタイトルバック映像に使われました。

美しい遠景はもちろん、水の動きに応じてさまざまに変化する砂の表情[E-2,3]が映し出されています。ここに立つと、三田村邦彦が歌った主題歌「想い出の糸車」を思わず口ずさみたくなります。

E-1

E-2

E-3

また、現在も毎年のように製作される『必殺仕事人』二時間スペシャル版でも、毎回ここで撮影がされており、今や「必殺」を象徴する聖地とすらいえます。

なお、新舞子海水浴場の毎日の干潮時間はインターネットで調べられますので、事前に確認してから訪ねることをオススメします。

朝焼け、夕暮れ時は特に「必殺」な景色に出会[E-4]えると思います。

E-4

V
亀岡駅周辺

時代劇の舞台は、江戸や京都のような都市部だけではありません。**「座頭市」シリーズ**や**『木枯《こがら》し紋次郎《もんじろう》』**（一九七二年、フジテレビ）など、北関東や甲州、武蔵野の農村部を舞台にした作品も数多くあります。

そうした作品のロケ地には草深さや埃《ほこり》っぽさが欠かせませんし、建物も古びた質素さが必要です。そうなると、洛内の神社仏閣では華美ですし、整備されすぎていることになるので、イメージに合いません。

そこで、丹波エリアの出番です。

この辺りは山間の農村地帯である上にひなびた質感の神社仏閣があり、その数も多いから景色にバリエーションも作れる。しかも亀岡の一帯は、少ない移動の範囲内に絶好のロケーションが点在していますし、撮影所から近い。そのため、スケジュールや予算の厳しいテレビ作品の撮影で重宝されてきました。

実は第一巻発刊後、読者から「亀岡にも行って欲しかった」というご意見をいただきました。言い訳をさせていただきますと、そのことはわかってはいたのですが、亀岡はとにかく「取材すべき場所」が多いのです。だからこそ二巻目の柱の一つに据える。そうした想いでした。

千手寺 ▶P150
大井IC
並河
405
25
9
龍潭寺 ▶P154
407
JR嵯峨野線
大堰川
嵯峨野観光線
道の駅
ガレリア
かめおか
亀岡
亀岡
市役所
走田神社 ▶P156
372
亀山城跡
トロッコ亀岡
穴太寺 ▶P162
馬堀
小幡神社 ▶P164
406
亀岡IC
中山池 ▶P170
篠村八幡宮 ▶P178
423
6
9
402
犬飼天満宮 ▶P166
鍬山神社 ▶P168
407
京都縦貫自動車道
篠IC
亀岡① 駅南側エリア

（A）

田畑

亀岡といえば、田畑[A-1]です。

盆地ならではの広大な平地[A-2]と、それを取り囲む山々[A-3]――という景色は、甲州や上州と重なるところがあります。ですので、そうした場所を舞台にしている「座頭市」や『木枯し紋次郎』を撮るのに最適なロケ地でした。どこかしらの田園や農村を歩けば、もう「その風景」になるのです。

ただ、近年では都市化や道路整備が進んだため、かつてのような景色は無くなってしまいました。それでも、雄大な田園風景であることには違いはありません。

A-1

A-2

A-3

千手寺（B）

亀岡の市街から少し山中に入った場所にあり、整備された石垣や長い石段[B-1]、登った先に大きな山門[B-2]と観音堂[B-3]があることから、その風情を活かして「由緒ある山寺」として使われることが近年は多いです。

たとえば、テレビシリーズ『**信長のシェフ**』(二〇一三年、テレビ朝日)では比叡山、スペシャルドラマ『**信長燃ゆ**』(二〇一六年、テレビ東京)では武田家の菩提寺《ぼだいじ》である甲州・恵林寺として使われていました。

山寺でありながら、車でのアクセスも可能で駐車場が整備されている点も大きいです。

B-1

B-2

B-3

千手寺でのロケを大々的にした作品は、近年では『佐武《さぶ》と市捕物控《いちとりものひかえ》　冬夏の章』（二〇一六年、ＢＳ日テレ）です。「冬の章」「夏の章」の二部構成なのですが、いずれも千手寺を事件現場の撮影に使っています。「冬の章」では前頁に挙げた境内の主要箇所全体で撮っており、「夏の章」では石垣の上[B-4]で「口封じの殺人」が撮られました。この場面、映像を観るとかなり山深い場所に見えるのですが、実は駐車場の真ん前。トリミングの見事さに感心します。

それから、これは時代劇の撮影とはあまり関係がないのですが、雲海が壮観[B-5]。見たことがない規模の雲海[B-6]が広がっていることがあるので、早朝の参拝をオススメします。

B-4

B-5

B-6

龍《りょう》潭《たん》寺《じ》　（C）

森の中の参道の向こうに控える、風情たっぷりの門[C-1]がよく使われてきました。

脇に置かれた地蔵堂[C-2]も侘びた質感を醸し出し、江戸郊外や地方にある「誰かが隠れ住む寺」にピッタリなのです。一転して境内は明るく、立派なお堂が建っている[C-3]ことから、それなりの身分の人間が隠れ暮らす――という設定に似合います。

『水戸黄門』『銭形平次』『暴れん坊将軍』**『遠山の金さん』『眠《ねむり》狂四郎』**『剣客商売』――。多くのヒーローたちがこの森を抜け、境内に隠れ暮らす誰かに会いに行きました。

C-1

C-2

C-3

走《はせ》田《だ》神社（D）

まず素晴らしいのは社務所です。[D-1]

立派な塀に囲まれ、門構えも備えた茅《かや》葺《ぶき》屋根の日本家屋の風情は圧倒的。[D-2]「座頭市」シリーズでは庄屋や地回りや町医者などの邸宅として使われています。

また、テレビシリーズ『**編《あみ》笠《がさ》十《じゅう》兵《べ》衛《え》**』（一九七四年、フジテレビ）では、主人公・月森十兵衛（高橋英樹）の邸宅として毎回登場しました。

他にも、スペシャルドラマ『**白虎隊**』（一九八六年、日本テレビ）では、京都守護のために会津から京都へ向かう会津藩士たちが立ち寄る会津領の本陣として使われ、家族との別離が撮られています。

ただ、ご注意いただきたいのは、ここは住居でもあるので侵入はもちろん、撮影もお控えください。また、参道左右の森も立ち入り禁止エリアです。くれぐれも足を踏み入れぬよう、お願いいたします。

D-1

D-2

走田神社のもう一つの特徴は、参道です。鬱蒼とした森林の真ん中を幅広い土の道が、カーブしながら長く続いていく。[D-3] そして、参道の脇には何本もの灯籠が立ち並ぶ。[D-4]

スケールが大きい上にアクセントもあり、さらに現代が全く映り込まない。[D-5] ――とくれば、大がかりなアクションに最適です。

テレビドラマ『**盤《ばん》嶽《がく》の一生**』第五話「落としもの」（二〇〇二年、フジテレビ）では役所広司が、映画『**無限の住人**』（二〇一七年）では木村拓哉が大チャンバラを繰り広げた他、テレビスペシャル『**鬼平犯科帳 一寸の虫**』（二〇一一年）の冒頭では、平蔵に加えて火付盗賊改方の同心・密偵が総動員の捕り物が撮影されました。

D-4

D-5

走田神社の参道をさらに進むと、本殿が現れます。

入り口の両側にいくつもの灯籠が立ち、[D-6]石段と白壁を備えた門の奥に建つ[D-7]その姿は実に神秘的。参拝するだけの場面でも、よくある神社の建物を撮るだけでは画としてワンパターンなものになってしまいます。

そこを、この本殿で撮ることによって一味違うアクセントが生まれる。また、その脇にある摂社[D-8]も、参拝のシーンで使われます。本殿の門に連なる石垣や塀が背景に映り込むので、画として詰まっている感が出て、ただのお参りでも充実した映像になるのです。

D-6

D-7

D-8

穴《あな》太《お》寺《じ》

（E）

近年は整備が進んでいるため、時代劇のロケはなくなってしまいました。ただ、かつてはコンパクトなエリアの中に、仁王門、鐘楼《しょうろう》、多宝塔、本堂[E-1]、白壁[E-2,3]――と、時代劇のロケーションに必要な「寺の要素」が揃っているため、『**素《す》浪人《ろうにん》月影《つきかげ》兵庫《ひょうご》**』『銭形平次』『**桃太郎侍**』といった人気テレビ時代劇のロケが行われていました。

E-1

E-2

E-3

小《お》幡《ばた》神社（F）

車が激しく行き交う車道からすぐにあるとは思えない、厳かな空間が広がります。[F-1]

特に、少し奥まった拝殿[F-2]の辺りに足を踏み入れると、そこはもう地方の鎮守《ちんじゅ》様。アッという間にワープできるのが凄いです。

この撮影のしやすさが時代劇の作り手たちに喜ばれ、『水戸黄門』『銭形平次』『遠山の金さん』『桃太郎侍』といったお馴染みの作品で数多く使われてきました。

また、参道の脇道も、白壁と垣根に挟まれてなかなかの風情[F-3]で、拝殿を使うシーンなどで一緒によく出てきます。

F-1

F-2

F-3

犬飼《いぬかい》天満宮（G）

橋を渡った先に境内があるG-1という配置を活かして、『鬼平犯科帳』で使われました。

特に印象的なのは、第一シリーズ一二話の「兇剣《きょうけん》」。平蔵の命を狙う刺客たちとの決戦の地です。平蔵側が二人なのに対し、敵は無数。その数的不利をカバーするため、平蔵は橋の袂《たもと》G-2に待ち構えます。

さらに場所を境内に移し、石段などを使った豪快な斬り合いを繰り広げます。実際に行ってみると、そこまでスペースは広くありません。G-3この限られた空間であれだけの激しい動きをしたのかと思うと、感服するばかりです。

G-1

G-2

G-3

鍬《くわ》山《やま》神社（H）

質素な造りだったり、草深い中にあることの多い丹波地方の神社では珍しく、規模が大きく、石畳の道などで整備されています[H-1]。そのため、市中の賑やかな場所として使われることが多いです。

代表的なのは映画『**天地明察**』（二〇一二年）で、金王八幡宮として使われました。鳥居までは日吉大社（第一巻掲載）ですが、境内に入ってからが鍬山神社です。本殿前の塀に提げられた絵馬[H-2]に算術の問題が記され、主人公の算哲《さんてつ》（岡田准一）がそれを解いていくという場面[H-3]が撮られています。

H-1

H-2

H-3

中山池（一）

かつては、峠道といえば谷山林道（第一巻掲載）と並んでよく使われた場所でした。

池自体も「山奥の湖畔」のような使われ[I-1]方をするのですが、特に多いのは池の畔にある堤道と合わせた[I-2]画です。山々をバックに池の畔を歩くことで、旅情感が強く出ます。

ただ、近年ではあまり使われていません。その理由は、カメラを切り返すとよくわかります。反対側は、京都縦貫道《じゅうかんどう》が映り込んでしまう[I-3]のです。自動車の騒音もあります。かつてはこれがなかったため、どこから撮っても山深い情感を出すことができました。

I-1

I-2

I-3

中山池の堤道は、池を入れ込まずに単体で「街道」として使われることもあります。

その場合、山側にかかる鶯橋《うぐいすばし》を渡らせての縦の構図[I-4]で撮る場合が多いです。あるいは堤は斜面になっているため、下から煽るように撮ることで背景に山々が映り込み、「盆地の街道を歩く」という画になります。[I-5]

また、この堤道の下は駐車場になってい[I-6]るため、便利です。

往時の中山池エリアの全景は、映画『**眠狂四郎無頼控《ぶらいひかえ》　魔性の肌**』（一九六七年）で観られます。物語の終盤、アジトを追われた成田三樹夫の率いる邪教団が山に登るのですが、その際に麓を見下ろすカットで、中山池全体が映し出されていました。

I-4

I-5

I-6

中山池の一帯は「平和台公園」と称されていますが、ようは登山道です。堤道の先に行くと山に入っていき、[1-7]道は一気に険しい感じになります。しかも、そうした道がいくつも分岐している。

今は車でも上がれるよう舗装[1-8]されていますが、ここもかつては土の道。しかも、谷山林道のようにアクセスが厳しいことはなく、駐車場からすぐなので、そこまで画にこだわらないでいい場合は、ここで撮られていました。

土のむき出しになった斜面が脇に迫っており、[1-9]峠道の画に草深いだけではない荒々しいアクセントを加えています。

I-7

I-8

I-9

京都縦貫道の向こう側にある[I-10]山を中山池から見上げると、一部に山肌のはげた場所があり、そこに道が通っている[I-11]ことに気づきます。これは林業用の道で、普段は入り口のフェンスに錠がかけられているのですが、実はこの道も時代劇でよく使われていました。

「峠道を行く水戸黄門一行」のような画が、なぜか山の外側から撮れていることがありましたが、それがまさにここなのです。

高速道路にかかる橋の上から撮れば、京都縦貫道と水戸黄門の峠道という、新旧の全く異なる二つの道を一つのアングルに入れて眺めることもできます[I-12]。

I-11

I-12

篠《しの》村《むら》八幡宮（J）

足利尊氏《たかうじ》が鎌倉幕府打倒のために決起した地ですが、時代劇でも戦いのはじまりのシーンで二度ほど使われています。

一つはテレビシリーズ『**斬り抜ける**』（一九七四年、朝日放送）。主人公の俊平（近藤正臣）が自らの無実を晴らすために作州《さくしゅう》から江戸に向かう物語なのですが、結局は全てが徒労に終わり、今度は復讐のため作州へ戻ろうとする。その際、最強の追手だった師（佐藤慶）に全ての真相を話す場面（第一五話）で、境内の乾疫《いぬいやく》神社J-1が使われました。

もう一つは『木枯し紋次郎』第二〇話「暁の追分に立つ」。小松方正《ほうせい》の演ずる親分に率いられたヤクザたちに襲われた老人を救うため、そこに通りかかった紋次郎が闘う場面が撮られました。老人を助けることはできなかったのですが、彼から預かった大金を届けるため、紋次郎の本当の闘いがはじまる。この場面は夜間なので見えにくいですが、本殿の裏手の林で撮られました。紋次郎が登場する社J-2は今はかなり綺麗に様変わりしていますが、その裏に潜んでスッと現れると、紋次郎気分に浸れるかもしれません。

J-1

J-2

天照皇大神社 ▶P206
408
477
477
八木
平の沢池 ▶P205
25
出雲大神宮 ▶P204
73
千代川IC
千代川
405
丹波国分寺跡 ▶P196
9
JR山陰本線
大堰川
へき亭 ▶P190
大本毘沙門荘 ▶P194
並河
大井IC
宇津根 ▶P184
保津小橋 ▶P181
401
京都縦貫自動車道
亀岡
道の駅
ガレリア
かめおか
保津川下り ▶P249
372
亀岡
市役所
亀山城跡
423
馬堀
亀岡IC

亀岡② 駅北側エリア

K-1

保津小橋（K）

読んで字の如《ごと》く、保津川にかかる小さな橋です。時代劇で橋といえば、木津川にかかる「流れ橋」（第一巻掲載）が印象的ですが、あの橋は長大で川幅も広いため、「そこまでの規模の橋は必要ない」という場面、あるいは遠くに山々が見えるような山間の道行きで旅情感を出したい時に、この保津小橋を使います。

ぜひオススメしたいのは秋から冬、朝の早い時間に行くことです。橋の向こう側に見える亀岡市街が霧に覆《おお》われている、幻想的な風景K-1に出会うことができます。

保津小橋を歩く場面の多くは、奥行きを使った縦の構図[K-2]ではなく、河原からの横の構図[K-3]で撮影されます。これにより、川面の煌《きら》めきや背景の山々が画面に入り込み、旅情感が出ることになります。近年では、NHK版『雲霧仁左衛門』第六話「最後の大仕事」で仁左衛門が桑名へ向かう場面などが好例です。

ただ、実際に歩いてみると、道幅は狭い上に欄干《らんかん》がない。しかも、芝居では下を向いて足元を確認しながら――とはいかないので、少しでもバランスを崩すと川へと落ちてしまう危険性があります。

しかも実は車道[K-4]。道幅が車幅ギリギリで、ハンドルを切り損ねると大変です。

K-2

K-3

K-4

宇《う》津《つ》根《ね》（L）

時代劇で川の場面というと、とても重要な場所があります。それが「渡し場」。橋がかかっていない川や湖沼などを、舟を使って渡る際の舟着き場です。

江戸などの都市の渡し場は近江八幡の八幡堀（第一巻掲載）が使われますが、もう少し郊外の草深い場所が必要な場合は、たいていは大堰《おおい》川にかかる宇津根橋から少し上流に行った辺りの河原[1]が使われます。

川幅が広く、それでいて穏やかな大堰川の流れ。広大な河原。現代の要素を覆い隠す対岸の林[2]——と抜群のロケーションで、さまざまなヒーローたちを乗せた舟が、ここを往来しました。

特に、舟での移動による旅情感を大事に描いた『鬼平犯科帳』でよく使われ、中でも印象的なのが第一シリーズ一一話「狐火」。密偵・おまさ（梶芽衣子）のかつての恋人との再会と別れ、その全てを温かく包み込む平蔵——というドラマがこの河原とその周辺を舞台に繰り広げられ、川の優しい流れが哀しいドラマを儚く引き立てていました。

L-1

L-2

宇津根の河原はとにかく広く、[1-3] 河原単体でもロケーションとして使われてきました。川の反対側にカメラを向けると、遠くに山々を望みながら河原が広がる[1-4]――という画になっているため、「旅先で歩き疲れて一休み」という場面を撮るのに最適です。

ただ、ここで撮られるのがのんびりした旅情の場面だけかというと、そうではありません。対極的な、不穏な場面も撮られています。

たとえばテレビシリーズ『**翔べ！必殺うらごろし**』（一九七八年）の第一話「仏像の眼から血の涙が出た」。旅先で記憶喪失の通称「おばさん」（市原悦子）と出会った超能力者の通称「先生」（中村敦夫）は、この河原で彼女の事情を聴き、そして川に飛び込んで謎の儀式をしてその記憶を取り戻そうとします。

他にも、映画『**子連れ狼　三途《さんず》の川の乳母車**』（一九七二年）のタイトルバックでは、主人公の拝一刀《おがみいっとう》（若山富三郎）がこの河原で一子・大五郎を乗せた乳母車を押していて、どこまでも広がる砂礫《されき》の景色が、まさに「三途の川」という雰囲気を出していました。

さらに映画『眠狂四郎無頼控　魔性の肌』では成田三樹夫の率いる邪教団と狂四郎（市川雷蔵）との最終決戦がここで撮られ、広い河原ならではの抜けの良さを存分に使ったダイナミックな斬り合いが展開されています。

L-3

L-4

宇津根で使われるのは、河原だけではありません。車道から河原に向かう途中で大堰川と犬飼川の合流があり、そこがちょっとした三角州の野原 L-5,6 になっています。『木枯し紋次郎』や「座頭市」シリーズなどでは、この野原を使って立ち回りのシーンや、ちょっとした喧嘩のシーンが撮られていました。やはりここでも、遠くの山々が見える——というロケ条件が、両作品の舞台設定に合致していたというのが大きかったといえます。

今回の取材で訪れた際は、その野原にコスモスが生い茂っており L-7、その優しい風景が「つわものどもが夢のあと」といわんばかりの儚さを醸し出していました。

L-5

L-6

L-7

へき亭　（M）

三百年前の武家屋敷を保存し、今は日本料理屋として営業している「へき亭」は、戦前から現代に至るまで時代劇の撮影に使われており、最も長い歴史を持つロケ地の一つといえるかもしれません。

店には片岡千恵蔵が格さん、阪東妻三郎が助さんを演じた一九三七年の映画**『水戸黄門廻国記』**撮影時の写真がありました。

屋内[M-1]や庭[M-2]がセットの代わりに使われることもありますが、最も多いのは入り口の門[M-3]です。武家屋敷、代官屋敷、庄屋屋敷に加え、剣術道場も多くがここで撮られています。

M-1

M-2

M-3

へき亭の門を正面に見て、右手に長く連なっている土壁[M-4]も、時代劇で多く使われています。

漆喰でも板でもなく、「土」がむき出しになっている質感とそれを支える石垣[M-5,6]とが質実剛健な風情を醸し出し、これが門と合わさることで「この剣術道場には強者の師範がいるに違いない」と思わせてくれます。

ありがたいことに、行政がここを車でも通れるように舗装するよう持ちかけたにもかかわらず、へき亭側は当時の情感を残すために、それを拒んだというのです。

近年、時代劇のロケができる場所は失われていっていますが、こうして残すよう尽力する方がいることは、とても心強いです。

M-4

M-5

M-6

大《おお》本《もと》毘沙門荘（N）

へき亭の横にある坂を上ってすぐにあるのが、大本毘沙門荘。ここも同様の形状をした土壁が[N-1]魅力で、「座頭市」「必殺」「紋次郎」をはじめ幾多の時代劇の撮影で使われてきました。同じ日に、たとえば大映が毘沙門荘で撮影するなら、東映がへき亭で——ということもあったといいます。

両者の見分け方は、へき亭の土壁は直線の一面なのに対し、毘沙門荘はL字の二面[N-2]。毘沙門荘の土壁の反対側は石垣で、へき亭は林。門は、毘沙門荘のみ脇に勝手口があります[N-3]。

N-1

N-2

N-3

丹波国分寺跡（〇）

今は現役の寺ではありません。荒野にポツンとわずかな遺構がたたずんでいます。[O-1]

この寂寥《せきりょう》感あふれる情感を愛したのが勝新太郎で、彼の率いる勝プロダクションで製作したテレビシリーズ版『**座頭市物語**』（一九七四年、フジテレビ）、『**新・座頭市**』（一九七六年、フジテレビ）で、事あるごとに使ってきました。

しかも、廃墟として使ったことは、ほとんどありません。時には門[O-2]前に茶店のセットを建てたり、時には境内に縁日を出させたりして、本来なら失われてしまった賑やかな雰囲気を作り出すこともあります。また、座頭市が生まれ育った寺だったり、誰かしらの恩人が住んでいたり――と、因縁浅からぬ寺として出てくることもあります。

考えてみると、設備が整った寺ではそれ以上に何かを足したり引いたりはほとんどできず、「その景色をどう使うか」のみ。しかし、ここならいくらでも加えることができる。勝新太郎が創作意欲を燃やすのに、もってこいの場所だったといえます。

O-1

O-2

それでもやはり、門やわずかに残された塀[O-3]、そして本堂[O-4]――、丹波国分寺跡の境内で目に入る全ては侘びた質感があります。その醸し出す寂寥感が座頭市の孤独な心象と完璧に合致していたのです。

映像を観てみると、そこそこ広めのスペースにも思えるのですが、実際に足を踏み入れてみると、かなり狭い[O-5,6]です。ここで縁日をしたり、決闘をしたりしていたのかと思うと、アングルやレンズの使い方一つで空間の見え方が大きく変わるということが、改めてよくわかります。

O-3

O-4

O-5

丹波国分寺跡の見どころはまだあります。脇道は鬱蒼としながら整備されており、これと石塔群を合わせて映す[O-7]ことで、山間の街道の質感が出ます。近年でもＮＨＫ版『雲霧仁左衛門』で仁左衛門が江戸から名古屋へ向かう際の街道筋の一つとして使われていました。

　また、入って右手にある大きな銀杏の木[O-8]は往時のままですし、左手にある鐘楼や石塔群[O-9]も「座頭市」を撮っていた時の質感が今もそのまま残っています。新調して整備するのではなく、古びたまま維持するというのは、実は大変なこと。それだけに、座頭市の時代にすぐワープして浸れるこの空間は、とても貴重といえます。

O-6

O-7

O-9

O-8

丹波国分寺跡が素晴らしいのは、その周辺もです。門前には全く現代が映り込まない（今は道だけ舗装されていますが――）空き地が広がって[O-10]います。これも、「座頭市」撮影時のままの景色です。

空き地単体で撮っても、寺の門の間から撮っても[O-11]、その荒涼たる景色は見事に映し出され、「座頭市」の主な舞台である北関東界隈の情感が出るのです。この一本道[O-12]を、座頭市は何度も歩きました。

他にも、山田洋次監督の映画『隠し剣鬼の爪』（二〇〇四年）ではこの空き地に主人公（永瀬正敏）の暮らす家屋のセットが建てられ、腕が立つのに過酷な生活を強いられる彼の境遇を如実に映し出していました。

O-10

O-11

O-12

出雲大神宮（P）

丹波國一之宮の境内は、隅々まで綺麗に整備され、本殿、拝殿、舞殿《まいどの》、いずれも明らかに群を抜いて優美で壮麗。P-1 それだけに、時代劇では「縁《えにし》の神社」という使われ方をします。

特に重要な撮影が行われたのがテレビシリーズ『**妻は、くノ一**』（二〇一三年、BSプレミアム）。失踪した妻を追って幼子とともに江戸に出てきた平戸藩士（松本幸四郎）が、妻が見つかるよう祈るために毎回訪れる湯島天神として使われていました。

P-1

Q-1

Q-2

Q-3

Q-4

平の沢池（Q）

池を二つに分けるように、中央に一本道が通っている[Q-1]という珍しい形状です。

旅を行く場面として使われることが多く、池の畔から一本道を横の構図で撮る場合[Q-2,3]が基本形です。が、「必殺仕事人」シリーズのテレビスペシャル『**仕事人大集合**』（一九八二年）では、縦の構図[Q-4]が使われました。旅の途中の中村主水《もんど》（藤田まこと）一家がレギュラーメンバーの加代（鮎川いずみ）に遭遇し、加代の姿を隠しながら家族とやり取りをする――という喜劇調の場面にするためです。

天照皇大神社（R）

車道から駐車場を経て境内のエリアに入ると、途端に空気が澄んで、結界の中に入った——ということに気づきます。

そして森の中を少し歩くと長い石段が現れ、その上には大きな舞殿が見えます。時代劇では、そう険しくない、人が簡単に来られる山寺として使われますが、まさにそれにピッタリ。

見上げる構図もカッコいいですが、上から見下ろすと灯籠や石段周りの苔が目に入り、これが見事に侘びた情感を出していました。

R-1

R-2

天照皇大神社の山がちな地形を存分に使って大がかりな立ち回りを繰り広げたのが、テレビシリーズ『木枯し紋次郎』第三三話「木っ端が燃えた上州路」です。

石でできた特徴的な玉垣《たまがき》越しの境内全体の見下ろし[R-3]にはじまり、戦いの舞台は舞殿下の斜面[R-4]へ。映像で観るよりも実際にはかなり急な角度で、ここで斬り合うのは相当に大変だったのではないかと思われます。さらに、その周辺の林[R-5]も存分に使い、紋次郎は激しく駆け回りながら敵を斬り倒していきます。

その風景は当時と全く変わっていないので、「ああ、ここで本当に紋次郎が戦っていたんだ――」という感慨に浸れます。

R-3

R-4

R-5

天照皇大神社で撮影した作品に、近年ではスペシャルドラマ『**鬼平犯科帳スペシャル　密告**』（二〇一五年）があります。

過去に平蔵と関係のあった盗賊のお百（高島礼子）が、同じく盗賊をしている息子（高橋光臣）を呼び出して「父親は平蔵だ」と嘘をつく場面が撮られました。

「紋次郎」では見下ろす際は玉垣しか映らなかった拝殿[R-6,7]の全体像を含めた境内全般が広く使われており、木々に覆われた静寂の空間[R-8]が画面に映ると、まさに「誰にも聞かせられない秘密」を打ち明けるにふさわしい場所なのだと思わせてくれます。

R-7

R-8

Ⅵ 奥丹波

さて、いよいよ最後の取材エリアに足を踏み入れます。

それが、奥丹波。亀岡駅周辺は丹波とはいっても広大な盆地です。そのため、全体的には開けた平地で、スケールの大きい風景が多かった。

今度は、そうではありません。田畑にしても、河川にしても、神社仏閣にしても、「山の中」という風合いがさらに強まります。そうした光景も、もちろん時代劇には必須です。

特に、「座頭市」シリーズは賑やかな都会が舞台になることはほとんどなく、寂《さび》れた北関東を訪れることがほとんどなので、このエリアを重宝していました。しかも、映画は二六本、テレビシリーズは一〇〇本が作られていて、特にテレビは毎週の放送です。映像美にこだわりを持つ勝新太郎からすると、「また同じところで撮っている」とは思われたくないので、景色のバリエーションが必要になるわけです。

京都縦貫道が通ったのが一九八八年で「座頭市」のテレビシリーズを撮っていたのは七〇年代ですから、この辺りは亀岡駅周辺に比べて移動に時間はかかったはずです。それでもなお、撮りたくなるような場所があった——ということです。

縦貫道が開通してから撮影はさらに増え、近年は亀岡と一体化した「丹波エリア」として全ての時代劇製作者たちに重宝されるようになっています。

丹波IC
日吉ダム
琴滝 ▶P242
JR山陰本線
船岡
京都縦貫自動車道
9
園部IC
25
19
桂川
54
園部川
南丹市役所
園部
9
477
408
453
JR嵯峨野線
吉富
八木西IC
山室 ▶P236
八木中IC
八木東IC
9
八木
477
大日堂 ▶P222
372
篠山城
普済寺 ▶P230
蔌田神社 ▶P226
73
千代川IC
372
天王神社 ▶P216
篠山城 ▶P244
篠山川
廣峯神社 ▶P218
77
77
306
372
372

天王神社（A）

田園の奥に小高い山があり、その入り口にポツンと鳥居がある[A-1,2]――「郊外の農村」のロケーションとして、まさに完璧です。

面白いのは、**『雲霧仁左衛門』**の山崎努主演版（一九九五年、フジテレビ）と中井貴一主演版の双方で、同じ場面で使われていることです。

田畑を訪ねた雲霧一党がある人物についての聞き込みをし、その様子を[A-3]鳥居の裏から捕り方がうかがう。フジ版とNHK版の間には約二十年が経っており、その間に多くの「時代劇」の景色が消えています。それでも、ここは変わっていなかったのです。

A-1

A-2

A-3

廣《ひろ》峯《みね》神社（B）

すぐそこが車道なのに[B-1]、森に入ると途端に空気が澄む[B-2]。そして目の前に往時の時代劇の光景が広がって、タイムスリップした錯覚に囚われます。

『新・座頭市』シリーズで何度か使われた場所で、第二シリーズ二話「目なしだるまに春が来た」では座頭市が訪れる旅一座の興行が開かれる神社として、この参道の周辺が使われました。鳥居の奥にある二つの摂社[B-3]もアクセントに。

この静寂の空間と同じ場所とは思えないほど、賑やかに映っています。

B-1

B-2

B-3

テレビシリーズ『新・座頭市』第一シリーズ二話「父恋い子守唄」では、子どもを誘拐された座頭市が救出に向かうのですが、そこに刺客たちが待ち受けている――という場面が撮られました。

座頭市が歩いた際と全く変わらない山門、石段[B-4]がそこにあり、たまりません。

さらに、石段を上がった境内全体を使い、座頭市と刺客たちの激闘が撮られています。

刺客の一人（新田昌玄）が待ち構える手《ちょ》水《うず》舎《や》[B-5]、子どもが縛り付けられている舞殿、その背後に映り込む拝殿の石垣と石造りの玉垣[B-6]――。全てが当時のまま残されており、座頭市のマネをして立ち回りの一つでもやりたくなってきます。

B-4

B-5

B-6

大日堂

（C）

山間の街道を歩いていると、少し開けたところにポツンと小さなお堂が建っている[C-1]——。時代劇を観ていると、そんな光景を目にしたことがあるのではないかと思われます。

そのお堂はセットではありません。ロケ地に元から建っている実物で、しかもそれは今も残っているのです。目印は亀岡の大内神社。神社に突き当たったところで右に曲がり、そこから一本道を進むと道端に見えてきます。

「うわっ！　本当にあった！」。実際に目にするとやはり感激しました。

単体だけでなく、時にはこの脇に茶店や関所のセットが建てられたりしながら、ありとあらゆる時代劇において、この小さなお堂の前を旅の途中のさまざまな人々が行き交い、出会いと別れ、そして時には闘いも繰り広げられました。

道は舗装され、電柱が立ち並び[C-2]、田畑は獣害対策の柵に覆われたため[C-3]、今はもう時代劇は撮れなくなっています。それでも、このお堂は今も往時の姿を留め続け、ここがかつて聖地だったことを今に伝えています。

このお堂は本当に数多くの時代劇で使われていますが、特に「必殺」シリーズファンの間では「おねむのお堂」として親しまれています。

シリーズ第一四作『翔べ！必殺うらごろし』の第二話「突如　奥方と芸者の人格が入れ替わった」の最後で、レギュラーメンバーの一人、おねむ（鮎川いずみ）がここにたたずみ、仲間たちを見送ります。そして、シリーズの後半になると、ラストで必ずこの時の映像が流れるようになるのです。

その時のおねむは気持ちよさそうにあくびをしていたので、全く同じ場所であくびをしてみました。[C-4] 本当にそうしたくなる、のんびりした空気[C-5]が流れています。

C-3

C-4

C-5

（D）

薮《やぶ》田《た》神社

このエリアで「座頭市」の聖地といえば、なんといってもこの薮田神社です。映画版、テレビ版の双方で数多く使われました。

参道[D-1]も境内[D-2]も低めの石垣に囲まれており、これが背景に映り込むことで画にアクセントを与えていました。そうした眺めは、今も変わっていません。ですが、鬱蒼とした森が覆っていた参道は現在はかなり整備が行き届き、舗装もされています。

また、かつては境内方向から鳥居に向かって撮る[D-3]と田園の向こうに山々が見えましたが、今は車が激しく行き交います。

D-1

D-2

D-3

ただ、藪田神社の境内[D-4]には、撮影当時のままの光景が多く残っています。

特に狛犬です。ここで撮影された映像は、まるでその証かのように、入り口に鎮座する二頭の狛犬[D-5]像が映り込みます。それが、今も当時の面影のまま残っているのです。

舞殿は撮影では主に博打場として使われていましたが、当時の風情を残す床や柱を眺めていると、今もつい先ほどまで座頭市がイカサマをしかけるヤクザを懲《こ》らしめていたのでは――と思えてしまうほど。

また、映画**『座頭市御用旅』**(一九七二年)には石垣の上にさびしげに立つ座頭市――というカットがありますが、それを撮った風景が当時のまま[D-6]あったのにも感激です。

D-5

D-6

普《ふ》済《さい》寺《じ》

（E）

ここが素晴らしいのは、車道が寺の表側ではなく裏側に面していることです。そのため、表側の入り口が、現代的に開発されることなく、当時の景色のまま残されています。

石垣に囲まれ、二対の石柱が出迎える、独特の入り口。[E-1] 参道の両脇は美しく苔がむし、[E-2] 奥には特徴的な楼門がそびえる。[E-3] こんな絶景が、いかなるアングルで撮っても問題ないのです。

そのため、近年でも映画『最後の忠臣蔵』の京都郊外の街道シーンなど、広めの画を撮る際に重宝されています。

E-1

E-2

E-3

普済寺の楼門周辺は、徹底して厳かな、現代から隔絶された静寂の空間です。

ただ、時代劇ではそれを逆に利用しています。それがテレビシリーズ『新・座頭市』第二シリーズ七話「遠い昔の日に」です。

ここでは、石橋蓮司の扮する悪党の一団が村人たちを人質にこの楼門[E-4]の上に立て籠ります。そして座頭市をおびき寄せ、この参道で村人たちにリンチさせる――という、この穏やかな景色とは対極的といえる凄惨《せいさん》な場面が撮られています。

楼門から村人が逆さ吊りにされ[E-5]、その奥に見える本堂[E-6]には子どもたちが幽閉されていました。そこからの座頭市の壮絶な逆襲も含め、この場に立つと想像もできません。

E-4

E-5

E-6

普済寺の入り口脇には草深い空き地[E-7]があり、ここに墓石のセットなどを置くと、「山寺の墓地」として使うことができます。

本物の墓地であれば、万が一にも墓石を倒すわけにはいきませんが、セットであれば問題なし。しかも、どこからも現代は映らない。そのため、立ち回りや墓石を倒す必要がある場面が撮られています。

特に印象的な使われ方をしたのが、『木枯し紋次郎』二二話「地獄を嗤《わら》う日光路」でした。墓参にやってきた紋次郎。それに対して緑《みどり》魔子《まこ》たちの演じる悪党たちが待ち構え、両者は激闘を繰り広げます。

その立ち回りの撮影では空き地だけでなく、周辺の森、竹林、楼門脇の参道[E-8]など、境内全体が使われました。

E-7

E-8

山室（F）

ここは大堰川沿いの長大な堤道[F-1]なのですが、河原と堤の間に防風林が隙間なくあるため、堤から撮っても河川が全く映り込まない[F-2]のが特徴です。それでいて、どこまでも続く一本道、周囲の田園、遠くの山々——と、抜群のロケーション。そのため、「農村の街道を歩く」場面の、特に遠景が欲しい場合に、山室があらゆる時代劇で使われてきました。

実は第一巻でも行こうとしたのですが、たどり着けませんでした。「摩気《まけ》」（第一巻掲載）を取材した際、日暮れまでまだ時間があったので、そう遠くないことから山室に立ち寄ることにしました。が、急に決めたため、この取材でお世話になっている撮影所スタッフに場所の詳細を聞いていなかったのです。探しているうちに日没のタイムリミットが来てしまい、諦めざるをえませんでした。

そのため、第二巻の時は必ずや——と万全を期しました。スタッフから場所を聞いたのはもちろん、グーグルのストリートビューやアースを駆使して仮想ロケハン。撮影ポイントや車で行く際の目印（南丹浄化センター）も特定し、取材に臨んだのです。

F-1

F-2

土でできた堤道であるため、その高低差を使って堤の下から煽って撮る[F-3]こともできます。旅人を歩かせて旅情感を出すだけでなく、飛脚や早馬を走らせて「長い距離を移動して伝達している」という画にも。

　また、堤道に上がる道は三カ所あるのですが、そのいずれもが二股の形状[F-4]をしているのも大きな特徴です。そのため、両端に田園の広がる一本道、その奥に見えるY字の二股、そして堤と林[F-5]——という奥行きのある田園や街道の画が撮れます。

　特にシンメトリーの構図を好む市川崑監督がお気に入りの場で、たとえば『盤嶽の一生』ではエンディングをはじめ、主役の役所広司が何度も歩いていました。

F-3

F-4

F-5

道が二股であるということは、片方をトリミングして切ってしまうと、普通の坂道として映る[F-6]ことになります。これが、時代劇の撮影で物凄く重宝なのです。

といいますのも、「現代の映らない坂道」となると、どうしても山道、もしくは三井寺のような整備された道がほとんどです。ただ、それだと「ちょっとした郊外の、草深い街道筋の坂道」にはなりません。この条件に合致したロケーションは、実は現在ほとんどないのです。

しかも、二股が三カ所ということは坂道が六本。その上、それぞれに形状や景色が異なるので、バリエーションもある[F-7,8]。坂道のロケ場所としても、完璧な場所なのです。

F-6

F-7

F-8

琴滝（G）

京都府で最大、四三メートルの落差を誇る滝です。その大半が一枚岩で形成されており、圧巻の威容[G-1]となっています。時代劇に出てくる滝といえば、近年では多くがここで撮られています。その眺めの見事さはもちろん、徒歩圏内に大きな駐車場がある上に、そこから舗装された道で行けるためアクセスが良いというのも大きいです。

が、それだけではありません。実は滝の上流の池に水門があり、そこからこの滝に流れる水量が調節されているのです。そのため、撮影の際はその用途に応じて水の量を自在に増減できる。これも、撮影に向いている大きな点です。


時期によっては落ちる水が少ないこともあり、その際は「濡れた岩」としてしか写真に写らない危険性もあったのですが、今回の取材時は最低限の水量はありホッとしました。

テレビシリーズ『**必殺まっしぐら！**』（一九八六年）第七話。この滝の裏に洞窟があり、そこが敵のアジト（洞窟はセット）になっている設定でした。そのため、裏側が見えないよう、とんでもない水量が落ちていました。

G-1

篠《ささ》山《やま》城（H）

丹波篠山市には、名城として知られる篠山城があります。京都からのアクセスの向上と城郭整備により、ここも近年になってよく使われるようになってきました。

驚いたのはテレビスペシャル『壬生義士伝』です。ここではなんと、最終決戦の地である五《ご》稜《りょう》郭《かく》として使われています。

石垣越しの大書院の屋根を撮って外観としたH-1他、新選組の生き残りとして戦う土方歳三（伊原剛志）と息子を心配して幽霊として現れる吉村貫一郎（渡辺謙）の対面が、二の丸の入り口H-2,3で撮られました。

H-1

H-2

H-3

天守台[エ-4]ではテレビシリーズ『**逃亡者《のがれもの》 おりん**』(二〇〇六年、テレビ東京）の最終決戦が撮られています。忍者の弥十郎（宅麻《たくま》伸《しん》）と悪役の道悦《どうえつ》(榎木孝明）が斬り合い、それを主人公・おりん（青山倫子）が眺めている――という場面。おりんが潜んでいた石柱はそのままありますので、やはりその陰には思わず身を隠してみたくなりますね。[エ-5]

劇中では、最終的に道悦がこの天守台から落下していくのですが、実際に下を覗くとかなりの高さ。[エ-6]これなら、さすがの道悦もひとたまりもないだろう――と思えてしまいます。

H-5

H-6

篠山城で最も使われるのは、二の丸御殿の大書院です。二〇〇〇年に復元されたばかりで、見た目も新しく、壮麗です[H-7]。

映画『**超高速！参勤交代**』（二〇一四年）など、近年の時代劇で将軍と謁見《えっけん》する江戸城の大広間は、大半がここを使い、将軍の威厳を見事に映し出しています。

かつては、こうした広間は作品の度に新たなセットが撮影所で作られていました。しかし、それではかなりの予算を要してしまい、近年の時代劇の製作状況にあって、それは難しくなりました。しかし、絶対になくてはならない場面です。

それだけに、この大書院の存在は時代劇作りを支える重要な存在となっています。

H-7

Ⅶ 保津川下り

旅の最後は、保津川の川下りで〆《しめ》ます。

保津川下りは、ＪＲ亀岡駅の近くに出発点のある観光舟です。三名の船頭さんの手漕ぎ[A-1]で約一時間半を嵐山まで一気に下る、人気のアトラクション。そして、この川下りが時代劇でよく使われているのです。

山深い渓流を舟で下る――という場面は『水戸黄門』などのロードムービー系作品に欠かせませんが、そのほとんどはここで撮られています。また、ゴツゴツした岩の目立つ河原[A-2]もよく使われます。大きな岩が続く[A-3,4]河原ではそこに腰かけて「旅の途中で少し一休み」という場面の他、『**新・三匹が斬る！**』（一九九二年、テレビ朝日）のエンディングでは、千石（役所広司）がここを楽しげに歩いています。

第一巻で取材した「落合の断崖[A-5]」の下辺りが最大の撮影ポイントです。

特に『**柳生あばれ旅**』（一九八〇年、テレビ朝日）のオープニングでは黒崎輝《ひかる》が崖から飛び込んだ[A-6]り、真田広之が河原で戦ったりと、ＪＡＣ（ジャパンアクションクラブ）勢が暴れまくりました。川に沿ってジョギングコース[A-7,8]があるため、そこから河原に降りやすい利便性もあります。

A-5

A-1

A-6

A-2

A-7

A-3

A-8

A-4

そして、ド迫力なのが急流[A-9]です。次々と襲いかかる滝のような難所を、船頭さんたちが巧みな櫓《ろ》さばきで突破していきます[A-10,11]。

テレビシリーズ『斬り抜ける』第八話「女が愛にゆれるとき」では、工藤栄一監督が急流を使い、緊迫した場面を撮りました。

主人公の俊平（近藤正臣）はともに旅する母子（和泉雅子ら）を敵に奪われ、舟で逃げられます。崖沿いの道を必死に駆けて追いながら、舟に飛び乗る。さらに急流を下りながら舟上で敵と戦い、最後は毒を盛られ目が見えなくなりながらも勘と子どもの助言で櫓を操り、急流を越えていく。

作品を観た上で行かれると、より一層、手に汗握る体験ができるはずです。

A-9

A-10

A-11

A-12

難所をいくつも越えると、やがて流れは落ち着きます。すると近づいてくるのが、屋台舟。ここでは飲み物の他、串だんごやイカ焼きも売っています。ただ座っているだけだったとはいえ、難所の連続の中を一時間半以上も揺られていましたから、やはりお腹が空きます。すかさずイカ焼きと串だんご、どちらも注文。舟上で風を受けながら食べると――全身に沁みてきました。

そして、舟が再び動き出すと、遠くに嵐山の渡月橋が見えてきます[A-12]。実際の時代劇スタッフたちだと、ここから程近くにある撮影所に戻ってまた夜の撮影――となるところですが、我々はその必要はありません。せっかくなので、嵐山で打ち上げを――。

エッセイ　ロケ地をさがして

柳生一族をさがして（A）

今回のように野面が多い場合、どの辺りで撮影したのか――という大まかなことは把握していても、「具体的にここ」と判明しないロケ地もあります。

映画『柳生一族の陰謀』で幕府軍と浪人勢が激突した「黄瀬川の合戦」が撮られた河原も、そうでした。滋賀県の安曇川の下流ということは聞いていたのですが、当時のスタッフも具体的な撮影ポイントを覚えていない状況でした。資料もありません。

そこで、こちらで探すことにしました。といって、現地に行ってゼロからの特定作業は、本当の意味で日が暮れます。そのため映像を精査しつつ、ストリートビューの景色と見比べながら事前に当たりをつけておくことにしました。

映像からわかったことは次の通りです。「浪人側の岸」は「①広河原」「②バックに林」「③林の背後に山並（上流方向）」。「行列側の岸」は「①堤道」「②河原は狭い」。ただ、安曇川は蛇行が激しいので下流に広河原が多い。ここで条件を絞《しぼ》ると、林を背にして水は左から右に流れていることに気づきます。すると、広河原は右岸。両岸で撮るためには、近く

に移動できる橋が必要。

条件に合う橋を探したところ、「安曇川大橋」が候補に。現地へ行くと、ほぼそのままの光景が広がっていました。ところが。上流に目を移すと、JRの鉄橋がかかっていた[A-1]のです。この橋は撮影当時もありました。すると、ここではない。

もう一つの候補が常《じょう》安《あん》橋。ところが行ってみたら架け替え工事中で、草木は全て切られ、丸坊主の状態[A-2]。ただ、わずかに残る林、広河原の位置、背景の山並の眺めを見ると、完全に一致していました[A-3]——。

本文中（四四〜四五頁）に「ここではないが近い[A-4]」風景を載せたのは、そのためでした。

般若坂をさがして（B）

もう一カ所、撮影ポイント探しを楽しめたのが、映画『宮本武蔵　般若坂の決斗』で表題の「般若坂の闘い」が撮られた「坂」です。

映っているのは「坂」というよりは、「広大な野原」。ほんの短い間ですが、決戦の地全体が遠景で映し出されるカットがあるので、ここを精査することにしました。

すると、画面左上に明らかに若草山と思しき山が。野原全体はゲレンデのような幅広さで、なだらかな下り坂。そして野原の周囲を木々が覆うが、画面の手前だけは木々は少ない。当時の付近の航空写真が国土地理院のホームページに上がっていたので、若草山があの角度で映る平原はないかと探したところ、春日大社の飛火野が完全に一致しました。

ところが一つ懸念がありました。奈良県の観光公式サイトには『般若坂の決斗』のロケ地として「浅茅ヶ原」が記されていたのです。そこは、飛火野から通りを隔てた奈良公園。航空写真を見ると地形が違う感じなのですが、相手は奈良県の公式サイトの情報。揺らぎました。だからといって真夏の取材なので、確認のため双方は行きたくない。そこで、

B-1

B-3

B-2

B-4

奈良県のサイトに記された問い合わせ先に電話しました。すると、「あれはロケ地という意味ではなく、劇中で武蔵が訪ねた場所という意味でした」との回答が。これで飛火野に特定できました。

遠景は、飛火野と奈良公園の間の通りから撮られています。柵からガードレールに変わって最初の電柱が立っている地点から[B-1]若草山を向くと、[B-2]見えます。

ああ、ここで錦之助が闘ったのか——と嬉しくなり、武蔵になったつもりで駆け回りましたが[B-3]、思ったよりの急斜面。気づいたら足をとられ、昔のアニメのように止まることなく一気に転げ落ちていました。[B-4]行かれる方は、お気をつけくださいませ。

おわりに

二〇二一年四月に『時代劇聖地巡礼』が発売され、思っていた以上の好評をいただくことができました。

内容としても、時代劇研究家として約二十年を過ごしてきた中での撮影現場への想いを詰め込むことができました。カメラマンの来間孝司《くるまこうじ》さんも編集の三島邦弘さんも私の想いを完璧に汲み取った仕事をしてくださり、かなり満足のいく一冊に仕上がったと自負しております。

一方で反省点もありました。それは移動効率に関するものです。

『時代劇聖地巡礼』の企画がスタートしたのは二〇一九年末で、新型コロナウィルスの感染など、思いもしない時期でした。そのため、京都で時代劇のロケ地になってきた神社仏閣の中には、外国人観光客が多いから満足な撮影や取材はできないだろう——と諦めていた場所もありました。

ところが、そこに感染拡大がはじまります。最初の緊急事態宣言が明けても、外国人観光客や団体の旅行客は戻ってきませんでした。

それは、本来なら撮れない写真が撮れるし、たっぷりと時間をかけて取材もできる状況になったことを意味します。一方で、いつコロナ禍が明けるかはわかりません。ここまで長引くとは想定していませんでしたから、早くに明けると京都にまたあの喧騒《けんそう》が帰ってくる可能性もありました。

そこで、「外国人観光客が戻ってきたら満足な取材ができなくなる」と考えられる箇所を、優先的に回ることにしたのです。結果として、近年ではまず撮れないような貴重な写真を撮ることができました。

ただ、そのような事情の下《もと》での取材だったため、移動の効率は二の次でした。エリアを絞って集中的に回れば、より多くの箇所を取材できるのですが、「ひょっとしたら明日には観光客が戻るかもしれない」と思っていましたから、効率などを考えている場合ではなかったのです。伏見稲荷大社、下鴨神社、南禅寺、嵐山……と、普段は観光客であふれかえる優先ランク最上位のところを初日には重点的に回り、次の取材はその次のランクを重点的に――といった具合に、移動効率よりも「インバウンド時の混雑具合」に基づいて取材スケジュールを組みました。

そのため、後になって地図を眺めながら移動行程を振り返ってみると、なんとも不格好な動きをしていると思えたのです。もう少し効率的に回れていれば、さらに取材箇所を増やすことができていました。ただ、あの時はそんな余裕はとてもなかったのです。

行くべき聖地に、まだ行けていない。行けなかったあの場所へ、なんとしても行きたい――。

その想いは刊行してから日を追うごとに強まり、どうしても第二巻を出したくてたまらなくなっていました。幸いにも『時代劇聖地巡礼』がそれなりに売れてくれたので、ミシマ社への提案はすぐに通していただけました。

そして、「次やるなら野面やね」と東映京都撮影所の友人と話をしていたのもあり、今度はワイルドでスケール感のあるロケーションの魅力を存分に伝える一冊にすることにしました。

そのため今度は、観光客を気にせずに撮影できる場所も多いので、まずはエリアごとに絞って「回れるだけ多くの箇所を回る」という方針を立てます。前回の取材を通して私自身が地図アプリの使い方に慣れていったのもあり、「効率的な移動」を意識した行程を組むことができました。『時代劇聖地巡礼』が十二日間の取材で計四一カ所を回ったのに対して、今回は八日間の取材で計五九カ所。いかに効率的に動くことができたのか、おわかりいただけるかと思います。

こうした動きが可能だったのは、前回の取材を通して三島さん、来間さんとのチームワークが完成していたからというのもありますし、実動部隊として新たに参戦されたミシマ社の若手スタッフ・山田真生さんの働きも大きかったです。

効率的に動けて取材箇所を増やせた——ということは、写真を撮る来間さん、運転する三島さん、各所と交渉する山田さんの労力はそれだけ大きくなります。そうした中で、各人が完璧な仕事をしてくださったことは、感謝に堪えません。

特に、奈良での来間さんの働きは特筆ものでした。一巻目の際、炎天下での取材で地獄を見たので、本来なら今回は夏場の取材は避けるつもりでした。ただ、コロナ禍が落ち着きを見せはじめ、夏には外国人観光客の解禁——という話が出るようになったことで、「奈良で満足な取材ができなくなる」という危険性が生まれたのです。当初、奈良は九月か十月の取材予定でしたが、それでは手遅れになるかもしれません。

それならば暑さが本格化する前の六月末に取材を、となりました。が、これがよもやの急激な気温上昇で、シーズン最大の酷暑に。しかも、三島さんと山田さんがコロナ感染したのも加わり、来間さんは炎天下で写真撮影と自動車の運転の双方をしなくてはならなくなったのです。加えて、平城宮跡に飛火野と、日陰のない広大な敷地を歩き回る取材です。どれだけ大変だったか——と思うと、ひたすら頭が下がるばかりです。

取材の最終箇所は、丹波篠山でした。全ての取材を終え、城下町の古民家を改装したオシャレな喫茶店でスタッフ一同と一息をつくと、車を東に走らせてもらい京都に戻ります。すると帰り道、我々の乗る車の正面に、これまでに見たことのないほどの大きな満月が現れたのです。篠山の車道には街灯がほとんどないため、都会で見るより一段とくっきりと月が見えました。その上、月明かりだけが山裾《やますそ》を照らす、実に風情ある眺めも堪能できました。

そして、その月がどんどん欠けていくのです。そう、その夜は皆既《かいき》月食でした。日本で有数ともいえる最高の条件下で見る皆既月食は、最高に満足のいく取材の締めくくりにこの上ないご褒美でした。

帰りの京都駅新幹線コンコースの光景もまた、感慨深いものがありました。というのも、前回の取材の初日、つまり最初の緊急事態宣言が明けた最初の日、このコンコースにはほとんど人がいなかったのです。それが、今は大混雑。元の日常がようやく戻ってきたのだと実感できました。

考えてみると、この二冊の取材はコロナ禍とともに歩んだわけでもあるのです。『時代劇聖地巡礼』で回ったのが四一カ所、今回の『関西ディープ編』が五九カ所。狙ったわけではないのですが、偶然にも計一〇〇カ所の取材となりました。こんなにも贅沢な取材ができる企画は、今の出版界ではそうありません。実現してくださったスタッフの皆さまに、改めて御礼申し上げます。

そして、多くの読者の方に、本書を通じて取材の楽しさを追体験していただけましたら、この上ない幸いです。

春日太一

二〇二三年二月

IV　姫路

姫路城	〒670-0012	兵庫県姫路市本町68
好古園	同上	
亀山本徳寺	〒670-0973	兵庫県姫路市亀山324
書寫山圓教寺	〒671-2201	兵庫県姫路市書写2968
新舞子海水浴場	〒671-1301	兵庫県たつの市御津町黒崎

V　亀岡駅周辺

千手寺	〒621-0037	京都府亀岡市稗田野町鹿谷大タワ7
龍潭寺	〒621-0031	京都府亀岡市稗田野町太田東谷40
走田神社	〒621-0806	京都府亀岡市余部町走田3
穴太寺	〒621-0029	京都府亀岡市曽我部町穴太東ノ辻46
小幡神社	〒621-0029	京都府亀岡市曽我部町穴太宮垣内1
犬飼天満宮	〒621-0027	京都府亀岡市曽我部町犬飼北山4
鍬山神社	〒621-0856	京都府亀岡市上矢田町上垣内22-2
中山池	〒621-0854	京都府亀岡市下矢田町中山
篠村八幡宮	〒621-0826	京都府亀岡市篠町篠八幡裏4
保津小橋	〒621-0005	京都府亀岡市保津町
宇津根(宇津根河川敷公園)	〒621-0013	京都府亀岡市大井町並河上溝
へき亭	〒621-0004	京都府亀岡市千歳町毘沙門向畑40
大本毘沙門荘	〒621-0004	京都府亀岡市千歳町毘沙門向畑33
丹波国分寺跡	〒621-0003	京都府亀岡市千歳町国分桜久保25
出雲大神宮	〒621-0002	京都府亀岡市千歳町千歳出雲無番地
平の沢池	〒621-0008	京都府亀岡市馬路町平野沢下池
天照皇大神社	〒621-0001	京都府亀岡市旭町経塚1

VI　奥丹波

天王神社	〒621-0242	京都府亀岡市宮前町神前東条1の乙
廣峯神社	〒621-0252	京都府亀岡市本梅町中野堀釜1
大日堂	〒621-0231	京都府亀岡市東本梅町大内大谷山
藪田神社	〒622-0059	京都府南丹市園部町南大谷 字細川39
普済寺	〒622-0058	京都府南丹市園部町若森庄気谷76
山室	〒629-0115	京都府南丹市八木町山室南里
琴滝	〒622-0212	京都府船井郡京丹波町市森
篠山城	〒669-2332	兵庫県丹波篠山市北新町2-3

VII　保津川下り

保津川下り	〒621-0005	京都府亀岡市保津町下中島2

時代劇聖地巡礼リスト　関西ディープ編

取材協力　滋賀ロケーションオフィス、姫路フィルムコミッション、
亀岡市役所産業観光部、南丹市観光交流室

Ⅰ　琵琶湖

毘沙門堂	〒607-8003	京都府京都市山科区安朱稲荷山町18
三井寺(園城寺)	〒520-0036	滋賀県大津市園城寺町246
滋賀院門跡	〒520-0113	滋賀県大津市坂本4-6-1
慈眼堂	同上	
安楽律院	〒520-0116	滋賀県大津市坂本本町4239
満月寺浮御堂	〒520-0242	滋賀県大津市本堅田1-16-18
近江舞子浜(近江舞子中浜水泳場)	〒520-0502	滋賀県大津市南小松1095
船木大橋	〒520-1233	滋賀県高島市安曇川町南船木
安曇川大橋	〒520-1522	滋賀県高島市新旭町新庄
常安橋	〒520-1533	滋賀県高島市新旭町安井川
天寧寺	〒522-0022	滋賀県彦根市里根町232
百濟寺	〒527-0144	滋賀県東近江市百済寺町323
五個荘金堂地区	〒529-1405	滋賀県東近江市五個荘金堂町
佐波江浜	〒523-0076	滋賀県近江八幡市佐波江町
マイアミ浜	〒524-0201	滋賀県野洲市吉川3326-1
天神川堰堤	〒520-0000	滋賀県大津市田上森町

Ⅱ　甲賀

日野城(中野城)跡	〒529-1628	滋賀県蒲生郡日野町西大路2855
みなくち子どもの森	〒528-0051	滋賀県甲賀市水口町北内貴10
水口城跡	〒528-0023	滋賀県甲賀市水口町本丸4-80
野洲川河川敷(鹿深大橋)	〒528-0234	滋賀県甲賀市土山町徳原
油日神社	〒520-3413	滋賀県甲賀市甲賀町油日1042
阿弥陀寺	〒520-3001	滋賀県栗東市東坂506

Ⅲ　奈良

東大寺戒壇院	〒630-8587	奈良県奈良市雑司町406-1
氷室神社	〒630-8212	奈良県奈良市春日野町1-4
飛火野(春日大社)	〒630-8212	奈良県奈良市春日野町160
平城宮跡(平城宮跡歴史公園)	〒630-8012	奈良県奈良市二条大路南三丁目5-1
郡山城跡	〒639-1011	奈良県大和郡山市城内町
慈光院	〒639-1042	奈良県大和郡山市小泉町865
菖蒲池(いろどりの森公園)	〒631-0032	奈良県奈良市あやめ池北1丁目24-6

『必殺まっしぐら！』 1986年｜朝日放送｜主演：三田村邦彦
→P242

『白虎隊』 1986年｜日本テレビ｜主演：森繁久彌
→P156

『鬼平犯科帳』第1シリーズ　1989年｜フジテレビ｜主演：中村吉右衛門
→P166, 184

『奇兵隊』 1989年｜日本テレビ｜主演：松平健
→P24

『新・三匹が斬る！』 1992年｜テレビ朝日｜主演：高橋英樹
→P250

『雲霧仁左衛門』 1995年｜フジテレビ｜主演：山﨑努
→P216

『剣客商売』 1998年｜フジテレビ｜主演：藤田まこと
→P12, 154

『鬼平犯科帳』第9シリーズ　2001年｜フジテレビ｜主演：中村吉右衛門
→P22

『聖徳太子』 2001年｜NHK｜主演：本木雅弘
→P106

『壬生義士伝 新選組でいちばん強かった男』 2002年｜テレビ東京｜主演：渡辺謙
→P88, 244

『盤嶽の一生』 2002年｜フジテレビ｜主演：役所広司
→P158, 238

『新選組！』 2004年｜NHK｜主演：香取慎吾
→P130

『逃亡者《のがれもの》 おりん』 2006年｜テレビ東京｜主演：青山倫子
→P246

『鬼平犯科帳スペシャル 一寸の虫』 2011年｜フジテレビ｜主演：中村吉右衛門
→P158

『必殺仕事人2012』 2012年｜テレビ朝日｜主演：東山紀之
→P104

『女信長』 2013年｜フジテレビ｜主演：天海祐希
→P64, 132

『妻は、くノ一』 2013年｜BSプレミアム｜主演：松本幸四郎
→P204

『雲霧仁左衛門』 2013年｜BSプレミアム｜主演：中井貴一
→P46, 54, 182, 200, 216

『宮本武蔵』 2014年｜テレビ朝日｜主演：木村拓哉
→P58

『信長のシェフ』 2013年｜テレビ朝日｜主演：玉森裕太
→P150

『剣客商売　鬼熊酒屋』 2014年｜フジテレビ｜主演：北大路欣也
→P54

『鬼平犯科帳スペシャル 密告』 2015年｜フジテレビ｜主演：中村吉右衛門
→P210

作品インデックス

・テレビドラマと映画をそれぞれ年代順に並べています。
・『作品名』 公開・放送年｜監督・放送局｜主演
→掲載頁

テレビドラマ

映画

春日太一　かすが・たいち

映画史・時代劇研究家。1977年東京都生まれ。日本大学大学院博士後期課程修了。映画界を彩った俳優とスタッフたちのインタビューをライフワークにしている。著書に『時代劇聖地巡礼』(ミシマ社)、『天才 勝新太郎』(文春新書)、『ドラマ「鬼平犯科帳」ができるまで』(文春文庫)、『すべての道は役者に通ず』(小学館)、『時代劇は死なず! 完全版』(河出文庫)、『大河ドラマの黄金時代』(NHK出版新書)、『忠臣蔵入門　映像で読み解く物語の魅力』(角川新書)など多数。

時代劇聖地巡礼　関西ディープ編
2023年3月19日　初版第1刷発行

著　　者　春日太一

発 行 者　三島邦弘
発 行 所　株式会社ミシマ社
〒152-0035　東京都目黒区自由が丘2-6-13
電話　03(3724)5616
FAX　03(3724)5618
e-mail　hatena@mishimasha.com
URL　http://www.mishimasha.com/
振替　00160-1-372976

装　　丁　尾原史和(BOOTLEG)
印刷・製本　株式会社シナノ
組　　版　有限会社エヴリ・シンク

ISBN　978-4-909394-84-2